Julius Bergbohm

Entwurf einer neuen Integralrechnung

Aufgrund der Potenzial-, Logarithmal- und Numeralrechnung

Julius Bergbohm

Entwurf einer neuen Integralrechnung
Aufgrund der Potenzial-, Logarithmal- und Numeralrechnung

ISBN/EAN: 9783743495449

Hergestellt in Europa, USA, Kanada, Australien, Japan

Cover: Foto ©berggeist007 / pixelio.de

Manufactured and distributed by brebook publishing software
(www.brebook.com)

Julius Bergbohm

Entwurf einer neuen Integralrechnung

ENTWURF

EINER

NEUEN INTEGRALRECHNUNG

AUF GRUND DER

POTENZIAL- LOGARITHMAL- UND NUMERALRECHNUNG

VON

Dr. JULIUS BERGBOHM

DIE RATIONALEN ALGEBRAISCHEN UND DIE GONIOMETRISCHEN INTEGRALE

DRUCK VON B. G. TEUBNER IN LEIPZIG.

1892.

Vorrede.

Ich habe in meinen „Neuen Rechnungsmethoden der höheren Mathematik“ (1891) eine Anzahl von neuen Rechnungsarten, nämlich die Potenzial-, Radikal-, Logarithmal- und Numeralrechnung dargestellt, welche der Analysis des Unendlichen weite, bisher unbekannte Gebiete erschliessen. Da die Wahrheit und der Wert des neuen Kalküls, ähnlich wie dies auch bei der Erfindung der Differentialrechnung der Fall war, im Anfang notwendig Zweifeln begegnen musste, so galt es vor allem, ihn durch die Anwendung auf ein grosses praktisches Beispiel in den Augen der Mathematiker zu bewähren. Ich wählte zu diesem Zweck die Integralrechnung, einesteils, weil mir dieses Gebiet der höheren Mathematik seit jeher als besonders reformbedürftig erschien und dann auch aus dem Grunde, weil es ausgedehnt genug ist, um die Richtigkeit und die Wichtigkeit der von mir erfundenen Rechnungsmethoden für jeden Unbefangenen auf eine zweifellose Weise zu erproben. Die Grundzüge der auf dem neuen Kalkül beruhenden Integralrechnung wurden von mir in den „Neuen Integrationsmethoden auf Grund der Potenzial-, Logarithmal- und Numeralrechnung“ (1892) entwickelt.

Ich übergebe nunmehr dem mathematischen Publikum den ersten Teil des „Entwurfs einer neuen Integralrechnung“, welcher die rationalen algebraischen und die goniometrischen Integrale, also den grösseren Teil der Lehre von den unbestimmten Integralen umfasst. Während sich meine „Neuen Integrationsmethoden“ ihrer Bestimmung gemäss vorherrschend mit den prinzipiellen Fragen beschäftigten, werden in der vorliegenden Schrift alle wichtigeren und schwierigeren Probleme eines ausgedehnten Gebiets der höheren Mathematik mit Hilfe der neuen Rechnungsmethoden gelöst. Ich hoffe deshalb, dass schon diese Abhandlung den Mathematikern die Entscheidung der Frage ermöglichen wird, ob der von mir erfundene Kalkül in den Kanon der mathematischen Erkenntnisse aufzunehmen ist. Eine Schrift über die irrationalen, exponentiellen und logarithmischen Integrale, für welche alle Vorbereitungen bereits getroffen sind, wird dann den vorläufigen Abschluss meiner Bestrebungen für die Erweiterung und Verbesserung der höheren Mathematik bilden.

Ich hatte ursprünglich die Absicht, die neuen Integrationsmethoden in der Darstellung fortlaufend mit der heutigen Integralrechnung zu vergleichen. Da jedoch kaum eine einzige Entwicklung der neuen Integralrechnung mit den bisherigen Ableitungsweisen übereinstimmt, so hätte eine solche Vergleichung einen ungebührlich grossen Raum in Anspruch genommen und ich konnte darauf um so eher verzichten, als die Mathematiker ohnedies meine Schrift vom Standpunkt der heutigen Integrationsmethoden beurteilen werden. Ich will mich deshalb hier darauf beschränken, folgende Eigentümlichkeiten des neuen Integrationssystems im allgemeinen hervorzuheben. Alle Integrale werden in der neuen Integralrechnung mittelbar oder unmittelbar aus den betreffenden Differentialen selbst durch elementare Operationen mit Zuhilfenahme der Potenzial-, Logarithmal- und Numeralrechnung abgeleitet. Diese streng wissenschaftliche Ableitungsweise macht es dann leicht, die auf den ersten Blick oft so willkürlich erscheinende Struktur der Integrale in ihrer Notwendigkeit zu begreifen und wird wohl im weiteren Lauf der Entwicklung zu einer allgemeinen Theorie der Integrabilität der Differentiale führen. Die meist so lästige und weitläufige Zerlegung der Differentialfunktionen in Partialbrüche entfällt vollständig. Endlich tritt an die Stelle der vielen Reduktionsformeln eine geringe Anzahl von Integrationsformeln, die jedoch gleichfalls aus den allgemeinen Differentialen durch elementare Operationen nach gewissen immer wiederkehrenden Methoden gewonnen werden und die deshalb Jedermann, der sich mit den neuen Rechnungsarten vertraut gemacht hat, ohne Schwierigkeit selbst ableiten kann. Sollte ich daher den Unterschied zwischen der alten und der neuen Integralrechnung in ein Wort zusammenfassen, so möchte ich sagen, dass die Integrale nach jener gefunden, nach dieser berechnet werden.

Indem ich so den neuen Kalkül zunächst auf die Integralrechnung anwende, soll dessen Wirksamkeit keineswegs auf diese Disziplin oder auch nur auf die Mathematik überhaupt eingeschränkt werden. So wie ich vielmehr bei der Erfindung der neuen Rechnungsmethoden von einer bestimmten naturwissenschaftlichen Grundansicht ausgegangen bin, so hoffe ich auch, dass sie später innerhalb der Naturwissenschaft ihr vornehmstes Anwendungsgebiet finden werden.

Wien, im August 1892.

Der Verfasser.

Inhalt.

Seite

§. 18. Integration von $\frac{dx}{(a+bx+cx^2)^p}$ 37

§. 19. Integration von $\frac{x^q\,dx}{\omega^p}$ 39

§. 20. Integration von $\frac{x^q\,dx}{\omega^p}$ (Fortsetzung) 44

§. 21. Integration von $\frac{dx}{x^m\,\omega^p}$ 46

Dritte Abteilung.

Die goniometrischen Integrale.

§. 22. Integration der einfachsten goniometrischen Differentiale 48

§. 23. Integration von $\sin^n x\,dx$ und $\cos^n x\,dx$ 54

§. 24. Integration von $\frac{dx}{\sin^n x}$ und $\frac{dx}{\cos^n x}$ 56

§. 25. Integration von $\sin^m x\cos^n x\,dx$ 57

§. 26. Integration von $\frac{\sin^m x\,dx}{\cos^n x}$, $\frac{\cos^m x\,dx}{\sin^n x}$, $\frac{dx}{\sin^m x\cos^n x}$ 59

§. 27. Integration von $\mathrm{tg}^n x\,dx$ 60

§. 28. Integration von $x^m \sin x\,dx$ und $x^m \cos x\,dx$ . . 62

§. 29. Integration von $\frac{\sin x\,dx}{x^n}$ und $\frac{\cos x\,dx}{x^n}$ 63

§. 30. Integration von $\frac{x\,dx}{\sin^n x}$ und $\frac{x\,dx}{\cos^n x}$ 64

Erste Abteilung.

Allgemeine Bemerkungen.

§. 1.

Wesen der neuen Integralrechnung.

Bekanntlich wird jedes Differential aus einer Fundamentalgleichung von der Form:

$$f(x + dx) - f(x) = df(x) \qquad 1)$$

gewonnen. So wie uns nun die Differentialrechnung lehrt, in welcher Weise aus dem Ausdruck $f(x + dx) - f(x)$ das Differential $df(x)$ entwickelt wird, so besteht das Wesen der neuen Integralrechnung darin, dass man aus dem gegebenen Differential $df(x)$ den Ausdruck

$$f(x + dx) - f(x)$$

zu ermitteln sucht. Die neue Integrationsmethode ist folglich, dem umgekehrten Charakter der Integralrechnung entsprechend, nichts als eine rückwärtsschreitende Differentiation (Neue Integrationsmethoden S. 2, 17 ff., 55 ff.). Man kann deshalb die neuen Integrationsmethoden mit gutem Grunde als die natürlichen bezeichnen, im Gegensatz zu der bisherigen Integralrechnung, welche in ihren Methoden von der Differentialrechnung vollständig abweicht. Denn in der heutigen Integralrechnung ist von einer genetischen Ableitung der Integrale aus den Differentialen keine Rede, vielmehr werden die einfachsten Integrale durch die „Umkehrung" der entsprechenden Differentialformeln gewonnen und auch die verwickelteren Integrale werden zum grossen Teile auf eine ganz unwissenschaftliche Weise ermittelt, indem man zunächst das gesuchte Integral errät, dieses oder einen verwandten Ausdruck sodann differenziert und schliesslich aus dem Differential und dem Integral eine sogenannte Reductionsformel bildet. Freilich stehen diese Ableitungsweisen durch eine tausendfältige Wiederholung so fest, dass die Mathematiker die ihnen zu Grunde liegende fehlerhafte Methode kaum mehr bemerken; aber es ist zu hoffen, dass die alte Integralrechnung jetzt, wo durch die von mir erfundenen Rechnungsmethoden die Möglichkeit einer einfachen und streng wissenschaftlichen Ableitung der Integrale geboten ist, allmälig richtigeren Methoden weichen wird.

§. 2.

Specielle Methoden der neuen Integralrechnung.

1) Die Einführung von Konstanten.

Der völlig abweichende Charakter der neuen Integralrechnung muss notwendig bewirken, dass auch die speziellen Methoden des neuen Integrationssystems sich von der bisher üblichen erheblich unterscheiden. Ich will von diesen speziellen Methoden wegen ihrer grossen praktischen Wichtigkeit namentlich drei hervorheben.

Die erste dieser speziellen Methoden ist die Einführung von Konstanten in die Fundamentalgleichung (Neue Int.-Meth. S. 22). Das Wesen dieser Methode besteht darin, dass man die Fundamentalgleichung nach Bedarf mit Konstanten auf beiden Seiten multipliziert, dividiert oder potenziert. So wird sich unten im §. 17, Gl. 2 (S. 35) ergeben, dass aus der Fundamentalgleichung:

$$\frac{dx}{(a+bx^n)^p} = dy \qquad 1)$$

die Integralgleichung und die Differentialsumme (N. Int.-Meth. S. 17 ff.) nur dann gefunden werden können, wenn man die Gl 1 mit der Konstante $n(p-1)$ multipliziert, so dass dieselbe folgende Gestalt annimmt:

$$\frac{n(p-1)\,dx}{(a+bx^n)^p} = n(p-1)\,dy. \qquad 2)$$

Ebenso ist in einzelnen Fällen die Division und die Potenzierung der Fundamentalgleichung mit Konstanten zum Zweck der Ermittlung der Integralgleichung und der Differentialsumme erforderlich.

§. 3.

2) Die Einführung von Variabeln und Konstanten.

Die meisten verwickelteren Integrale können nur in der Weise gefunden werden, dass man die linke Seite der Fundamentalgleichung mit variablen Ausdrücken, die rechte dagegen mit Konstanten multipliziert, dividiert oder potenziert (Methode der Einführung von Variablen und Konstanten). So lässt sich z. B., wie sich unten im §. 21, Gl. 6—8 (S. 46) ergeben wird, die Fundamentalgleichung:

$$\frac{dx}{x(a+bx)} = dy \qquad 1)$$

sehr leicht auf die Differentialsumme zurückführen, indem man $a+bx=\omega$ und $a=\omega-bx$ setzt, und dann die linke Seite der obigen Fundamentalgleichung mit $\omega - bx$, die rechte mit a multipliziert, so dass dieselbe folgende Gestalt annimmt:

$$\frac{(\omega - bx)\,dx}{x\omega} = \frac{dx}{x} - \frac{b\,dx}{\omega} = a\,dy\,. \qquad 2)$$

In dem vorstehenden Beispiel wurde die Gleichung zwischen den Variabeln und Konstanten ($\omega - bx = a$) aus der zu integrierenden Differentialfunktion selbst gebildet. Sehr häufig kann aber die Integration am einfachsten in der Weise bewirkt werden, dass man die endlichen Bestandteile des gegebenen Differentials zunächst in Faktoren zerlegt und erst aus diesen die Gleichung zwischen den Variabeln und Konstanten bildet. Ist z. B. (vgl. unten §. 9, Gl. 1—8) die Fundamentalgleichung:

$$\frac{dx}{a - bx^2} = dy \qquad 3)$$

zu integrieren und bezeichnet man die Faktoren von $a - bx^2$ mit π und ϱ, so ist:

$$\pi = \sqrt{a} + \sqrt{b}\,x, \qquad 4)$$

$$\varrho = \sqrt{a} - \sqrt{b}\,x, \qquad 5)$$

$$\pi + \varrho = 2\sqrt{a}\,, \qquad 6)$$

$$\pi\varrho = a - bx^2\,. \qquad 7)$$

Die Methode der Einführung von Variablen und Konstanten wird folglich in diesem Falle darin bestehen, dass man die Gl. 3 links mit $\pi + \varrho$, rechts mit $2\sqrt{a}$ multipliziert, so dass sie folgende Gestalt annimmt:

$$\frac{(\pi + \varrho)\,dx}{\pi\varrho} = \frac{dx}{\pi} + \frac{dx}{\varrho} = 2\sqrt{a}\,dy\,. \qquad 8)$$

Der weitere Verlauf dieser Darstellung wird zeigen, dass der grösste Teil der Differentiale durch diesen einfachen Handgriff leicht integriert werden kann.

§. 4.

3) Die Einführung von Hilfsdifferentialen.

Die Methode der Einführung von Hilfsdifferentialen besteht darin, dass zu dem für sich nicht integrierbaren Differential ein Hilfsdifferential, welches erst die Zurückführung der Fundamentalgleichung auf die Differentialsumme ermöglicht, zugezählt und abgezogen wird oder umgekehrt. So kann z. B. (s. unten §. 27, Gl. 7 ff.) die Fundamentalgleichung:

$$\mathrm{tg}^2 x\,dx = dy \qquad 1)$$

in dieser Gestalt auf die Integralgleichung oder die Differentialsumme nicht zurückgeführt werden, wohl aber dann, wenn ihr folgende Gestalt gegeben wird:

$$\mathrm{tg}^2 x\, dx + dx - dx = dy. \qquad 2)$$

In dieser Gleichung ist, wie sich später (§. 27) ergeben wird, die Differentialsumme von $\mathrm{tg}^2 x\, dx + dx$ und jene von $-dx$ leicht zu finden.

Ein Teil der Methode der Hilfsdifferentiale ist unter dem Namen der teilweisen Integration längst bekannt, doch wird die folgende Darstellung (vgl. z. B. unten §. 28, Gl. 3) zeigen, dass die Methode der Hilfsdifferentiale auch für jene Fälle, in welchen schon bisher die teilweise Integration benutzt wurde, den Gang der Rechnung viel klarer und anschaulicher gestaltet. Aber die Methode der Hilfsdifferentiale geht überdies in ihrer Anwendung weit über das Gebiet der teilweisen Integration hinaus. Denn diese kann nur dann benutzt werden, wenn ein einzelner Bestandteil des Differentials eines Produkts integriert werden soll, während die Methode der Hilfsdifferentiale überall anwendbar ist, wo ein unvollständiges Differential durch Hinzufügung eines anderen integrierbar wird und überdies das Hilfsdifferential selbst die Integration gestattet, ohne Rücksicht, ob das gegebene Differential aus einem Produkt, einem Quotienten oder einer Potenz entstanden ist. Die Wichtigkeit dieses Unterschiedes wird sich erst dann vollständig zeigen, wenn ich in einer späteren Schrift die Integration der irrationalen, exponentiellen und logarithmischen Differentiale auf Grund der neuen Rechnungsmethoden darstellen werde. An dieser Stelle kann ich mich damit begnügen, auf den Abschnitt meiner „Neuen Integrationsmethoden" über die irrationalen Integrale zu verweisen. Dort (Gl. 283—290) kommt ein Fall vor, wo ein irrationales Differential durch Hinzufügung eines Hilfsdifferentials integrierbar wird, ohne dass die regelmässigen Voraussetzungen der teilweisen Integration vorhanden sind. Insbesondere soll in diesem Falle nicht, was bei der teilweisen Integration immer notwendig ist, das unvollständige Differential eines Produkts der Integration unterzogen werden.

Ich glaube, dass durch die Anwendung der drei soeben (§§. 2—4) dargestellten Methoden in Verbindung mit der Potenzial-, Logarithmal- und Numeralrechnung zahlreiche Differentiale, welche bisher der Integration Widerstand geleistet haben, integriert werden können, wie denn auch die nachfolgende Darstellung manche bisher unbekannte Integrale aufweisen wird.

§. 5.

Die Differentialsumme.

Wie ich in meinen „Neuen Integrationsmethoden" (S. 18, 35) gezeigt habe, genügt zur Integration eines gegebenen Differentials, wenn man die richtigen Methoden anwendet, schon die Auffindung der Differentialsumme, ohne dass die Entwicklung der vollständigen Integralgleichung, welche sich namentlich bei verwickelten Integralen viel zu weitläufig gestaltet, notwendig ist. Das von mir gewählte Zeichen für die Differentialsumme ist *Ds*, welches, ähnlich wie das analoge Integrationszeichen, vor das zu integrierende Differential zu setzen ist. Es gilt folglich z. B. die Gleichung

$$Ds\, m x^{m-1}\, dx = (x + dx)^m. \qquad 1)$$

Die Veränderung, welche mit dem Differential durch seine Verwandlung in die Differentialsumme vor sich geht, besteht also darin, dass jedes x des Differentials, gleichviel ob es als Summand, Faktor, Divisor oder Exponent erscheint, in den Ausdruck $x + dx$ verwandelt wird (vgl. N. Int.-Meth. S. 17—18, 24—25). Da jedoch der überaus häufig wiederkehrende Ausdruck $x + dx$ die Differentialsummen, namentlich bei verwickelten Integralen, sehr weitläufig und schleppend gestaltet, so wähle ich statt desselben das Symbol $\bar{x}$, so dass also die Gl. 1 folgende Gestalt annimmt:

$$Ds\, m x^{m-1}\, dx = \bar{x}^m. \qquad 2)$$

Ebenso ist ferner

$$\log \frac{\bar{\pi}}{\bar{\varrho}} = \log \frac{\pi + d\pi}{\varrho + d\varrho} = Ds\, dy. \qquad 3)$$

Durch diese Bezeichnungsweise werden die Differentialsummen nicht nur viel kürzer und übersichtlicher gemacht, sondern dieses Symbol hat auch den Vorteil, dass die Differentialsumme sich sofort in das entsprechende Integral verwandelt, wenn man sich von den Variablen den Strich beseitigt denkt.

Zweite Abteilung.

Die rationalen algebraischen Integrale.

§. 6.

Integration von $\frac{dx}{a+bx^2}$.

Die Integration der einfachsten Differentiale mittelst der Potenzial-, Logarithmal- und Numeralrechnung ist schon in meinen „Neuen Integrationsmethoden" S. 21 ff. dargestellt worden. In der vorliegenden Schrift sind nunmehr die neuen Rechnungsmethoden auch auf die verwickelteren rationalen algebraischen und auf die goniometrischen Integrale anzuwenden.

I. Die Fundamentalgleichung für die obige Integration ist, wenn man $a+bx^2=\omega$ setzt:

$$\frac{dx}{\omega}=dy. \qquad 1)$$

Diese Gleichung kann, wenn man sich mit einem imaginären Integral begnügen will, sehr leicht durch die Einführung von Variablen und Konstanten (oben §. 3) auf die Differentialsumme zurückgeführt und dadurch integriert werden. Zerlegt man nämlich $a+bx^2$ in Faktoren und setzt man

$$\pi=\sqrt{a}+\sqrt{-b}\,x, \qquad 2)$$

$$\varrho=\sqrt{a}-\sqrt{-b}\,x, \qquad 3)$$

$$\pi+\varrho=2\sqrt{a}, \qquad 4)$$

$$\pi\varrho=a+bx^2=\omega, \qquad 5)$$

so nimmt die Gl. 1, wenn man (Gl. 4) die linke Seite mit $\pi+\varrho$, die rechte mit $2\sqrt{a}$ multipliziert, folgende Gestalt an:

$$\frac{(\pi+\varrho)\,dx}{\pi\varrho}=2\sqrt{a}\,dy \qquad 6)$$

oder

$$\frac{dx}{\pi}+\frac{dx}{\varrho}=2\sqrt{a}\,dy. \qquad 7)$$

Von der vorstehenden Gleichung kann aber die Differentialsumme und damit das Integral leicht gefunden werden. Ich habe nämlich in meinen „Neuen Integrationsmethoden" S. 39, Gl. 213, S. 52, Gl. 297—299 vermittelst der neuen Rechnungsarten folgende Integrale berechnet:

$$Ds\,\frac{dx}{a+bx}=\frac{1}{b}\log(a+b\overline{x}), \qquad 8)$$

$$Ds\,\frac{dx}{a-bx}=-\frac{1}{b}\log(a-b\overline{x}). \qquad 9)$$

Setzt man nun in der Gleichung 8 und 9 statt a die entsprechende Konstante von π und ϱ, nämlich $\sqrt{a}$, statt b den Ausdruck $\sqrt{-b}$, so erhält man:

$$Ds\frac{dx}{\pi} = Ds\frac{dx}{\sqrt{a}+\sqrt{-b}\,x} = \frac{1}{\sqrt{-b}}\log(\sqrt{a}+\sqrt{-b}\,\bar{x}) = \frac{1}{\sqrt{-b}}\log\bar{\pi}. \quad 10)$$

$$Ds\frac{dx}{\varrho} = Ds\frac{dx}{\sqrt{a}-\sqrt{-b}\,x} = -\frac{1}{\sqrt{-b}}\log(\sqrt{a}-\sqrt{-b}\,\bar{x}) = -\frac{1}{\sqrt{-b}}\log\bar{\varrho}. \quad 11)$$

Nimmt man nun von der Gl. 7 die Differentialsumme und substituiert man für $Ds\frac{dx}{\pi}$ und $Ds\frac{dx}{\varrho}$ die Werte aus den Gl. 10 und 11, so ist:

$$\frac{1}{\sqrt{-b}}\log\bar{\pi} - \frac{1}{\sqrt{-b}}\log\bar{\varrho} = Ds\,2\sqrt{a}\,dy \qquad 12)$$

oder

$$\frac{1}{\sqrt{-b}}\log\frac{\bar{\pi}}{\bar{\varrho}} = Ds\,2\sqrt{a}\,dy. \qquad 13)$$

Befreit man endlich dy von den Konstanten, so ist:

$$\frac{1}{2\sqrt{-ab}}\log\frac{\bar{\pi}}{\bar{\varrho}} = \frac{1}{2\sqrt{-ab}}\log\frac{\sqrt{a}+\sqrt{-b}\,\bar{x}}{\sqrt{a}-\sqrt{-b}\,\bar{x}} = Ds\,dy = Ds\frac{dx}{a+bx^2} \qquad 14)$$

oder

$$\int\frac{dx}{a+bx^2} = \frac{1}{2\sqrt{-ab}}\log\frac{\sqrt{a}+\sqrt{-b}\,x}{\sqrt{a}-\sqrt{-b}\,x}. \qquad 15)$$

Das gefundene Integral ist imaginär, wenn a und b, wie hier überall vorausgesetzt wird, positive Grössen sind.

II. Das in der Überschrift bezeichnete Differential kann unter der Voraussetzung, dass a und b positive Grössen sind, noch durch einen zweiten imaginären Ausdruck integriert werden. Setzt man nämlich

$$\pi = \sqrt{b}\,x + \sqrt{-a}, \qquad 16)$$

$$\varrho = \sqrt{b}\,x - \sqrt{-a}, \qquad 17)$$

$$\pi - \varrho = 2\sqrt{-a}, \qquad 18)$$

$$\pi\varrho = a + bx^2 = \omega, \qquad 19)$$

so ist, wenn man genau so wie in den Gl. 6 und 7 verfährt:

$$\frac{dx}{\varrho} - \frac{dx}{\pi} = 2\sqrt{-a}\,dy. \qquad 20)$$

Nimmt man nun von dieser Gleichung die Differentialsumme und setzt man in den Gl. 8 und 9 statt a die entsprechende Konstante von π und ϱ, nämlich $\sqrt{-a}$, statt b den Ausdruck $\sqrt{b}$, so ist

$$\frac{1}{\sqrt{b}}\log\varrho - \frac{1}{\sqrt{b}}\log\pi = Ds\,2\sqrt{-a}\,dy \qquad 21)$$

oder

$$\frac{1}{\sqrt{b}}\log\frac{\varrho}{\pi} = Ds\,2\sqrt{-a}\,dy, \qquad 22)$$

und wenn man dy von den Konstanten befreit:

$$\frac{1}{2\sqrt{-ab}}\log\frac{\varrho}{\pi} = \frac{1}{2\sqrt{-ab}}\log\frac{\sqrt{b}\,x-\sqrt{-a}}{\sqrt{b}\,x+\sqrt{-a}} = Ds\,dy = Ds\frac{dx}{a+bx^2} \qquad 23)$$

oder

$$\int\frac{dx}{a+bx^2} = \frac{1}{2\sqrt{-ab}}\log\frac{\sqrt{b}\,x-\sqrt{-a}}{\sqrt{b}\,x+\sqrt{-a}}. \qquad 24)$$

§. 7.

Integration von $\frac{dx}{a+bx^2}$ (Fortsetzung).

In dem vorstehenden Paragraphen (§. 6, Gl. 8—11) wurde die Ableitung der Differentialsumme von $\frac{dx}{\pi}$ und $\frac{dx}{\varrho}$ benutzt, welche ich in meinen „Neuen Integrationsmethoden" (S. 39, 52) gegeben habe. Es versteht sich aber von selbst, dass die gesuchten Differentialsummen vermittelst der Potenzial-, Logarithmal- und Numeralrechnung auch unmittelbar aus den Differentialen $\frac{dx}{\pi}$ und $\frac{dx}{\varrho}$ ermittelt werden können. So lautet die Gl. 7 im §. 6:

$$\frac{dx}{\sqrt{a}+\sqrt{-b}\,x} + \frac{dx}{\sqrt{a}-\sqrt{-b}\,x} = 2\sqrt{a}\,dy. \qquad 1)$$

Multipliziert man diese Gleichung, weil die Nenner der beiden Ausdrücke auf der linken Seite das Differential $\sqrt{-b}\,dx$ liefern, mit $\sqrt{-b}$ und numeralisiert man sodann die Gleichung, so ergiebt sich:

$$1+\frac{\sqrt{-b}\,dx\,ld\beta}{\sqrt{a}+\sqrt{-b}\,x} + \frac{\sqrt{-b}\,dx\,ld\beta}{\sqrt{a}+\sqrt{-b}\,x} = \overset{d\beta}{v}\,2\sqrt{-ab}\,dy. \qquad 2)$$

Nun ist aber, wenn π und ϱ dieselbe Bedeutung behalten, wie im §. 6, Gl. 2 und 3:

$$1+\frac{\sqrt{-b}\,dx\,ld\beta}{\pi} + \frac{\sqrt{-b}\,dx\,ld\beta}{\varrho} = \left(1+\frac{\sqrt{-b}\,dx}{\pi}+\frac{\sqrt{-b}\,dx}{\varrho}\right)^{ld\beta}$$

$$= \left[\frac{1+\frac{\sqrt{-b}\,dx}{\pi}}{1-\frac{\sqrt{-b}\,dx}{\varrho}}\right]^{ld\beta} = \left[\frac{\pi+\sqrt{-b}\,dx}{\pi} : \frac{\varrho-\sqrt{-b}\,dx}{\varrho}\right]^{ld\beta} = \left[\frac{\pi+\sqrt{-b}\,dx}{\varrho-\sqrt{-b}\,dx} : \frac{\pi}{\varrho}\right]^{ld\beta}. \qquad 3)$$

Die in der vorstehenden Gleichung enthaltenen Operationen sind jenen in den „Neuen Integrationsmethoden" Gl. 311 (S. 54) vollständig analog und dort auch näher erläutert.

Substituiert man nun den letzten Ausdruck der Gl. 3 in die Gl. 2, so ist:

$$\left[\frac{\pi + \sqrt{-b}\,dx}{\varrho - \sqrt{-b}\,dx} : \frac{\pi}{\varrho}\right]^{\iota d\beta} = {}^{d\beta}\nu\; 2\sqrt{-ab}\,dy. \tag{4}$$

Logarithmalisiert man diese Gleichung, um den ursprünglichen Wert von dy herzustellen, so ist:

$$\log \frac{\pi + \sqrt{-b}\,dx}{\varrho - \sqrt{-b}\,dx} - \log \frac{\pi}{\varrho} = 2\sqrt{-ab}\,dy, \tag{5}$$

und wenn man dy von den Konstanten befreit:

$$\frac{1}{2\sqrt{-ab}} \log \frac{\pi + \sqrt{-b}\,dx}{\varrho - \sqrt{-b}\,dx} - \frac{1}{2\sqrt{-ab}} \log \frac{\pi}{\varrho} = dy. \tag{6}$$

Begnügt man sich mit der Differentialsumme, so ist:

$$\frac{1}{2\sqrt{-ab}} \log \frac{\overline{\pi}}{\overline{\varrho}} = Ds\,dy = Ds\,\frac{dx}{a + bx^2}, \tag{7}$$

welche Gleichung mit §. 6, Gl. 14 übereinstimmt. Auf ähnliche Weise kann auch die Differentialsumme im §. 6, Gl. 23 ohne Schwierigkeit aus dem Differential $\frac{dx}{a + bx^2}$ abgeleitet werden.

§. 8.

Integration von $\frac{dx}{a + bx^2}$ (Fortsetzung).

Obgleich sich manche imaginäre Differentialsummen auf reelle endliche Ausdrücke zurückführen lassen, so ist dies doch nicht bei den im §. 6 und 7 entwickelten Integralen möglich. Eine Integration des Differentials $\frac{dx}{a + bx^2}$ in endlicher reeller Form ist vielmehr nur durch Tangenten-Kreisbögen zu bewirken, wobei die später (§. 22, Gl. 63) zu entwickelnde Gleichung:

$$Ds\,\frac{df(x)}{1 + [f(x)]^2} = \operatorname{arctan} f(\overline{x}) \tag{1}$$

zu benutzen ist.

I. Die Fundamentalgleichung ist in diesem Fall:

$$\frac{dx}{a + bx^2} = \frac{\frac{dx}{a}}{1 + \frac{bx^2}{a}} = dy. \tag{2}$$

Multipliziert man nun die beiden letzten Glieder der vorstehenden

Gleichung, um die Operationen in den Gl. 4—6 zu ermöglichen, mit $\sqrt{ab}$, so ist

$$\frac{\frac{dx\sqrt{b}}{\sqrt{a}}}{1+\left(\frac{x\sqrt{b}}{\sqrt{a}}\right)^2} = \sqrt{ab}\,dy. \tag{3}$$

Nun ist aber

$$\frac{dx\sqrt{b}}{\sqrt{a}} = d\,\frac{x\sqrt{b}}{\sqrt{a}}, \tag{4}$$

folglich, wenn man beiderseits von der Gl. 3 die Differentialsumme nimmt:

$$Ds\,\frac{d\,\frac{x\sqrt{b}}{\sqrt{a}}}{1+\left[\frac{x\sqrt{b}}{\sqrt{a}}\right]^2} = Ds\,\sqrt{ab}\,dy, \tag{5}$$

oder mit Rücksicht auf die Gl. 1, wenn man zugleich dy von den Konstanten befreit:

$$\frac{1}{\sqrt{ab}}\arctan\frac{x\sqrt{b}}{\sqrt{a}} = Ds\,dy = Ds\,\frac{dx}{a+bx^2}. \tag{6}$$

II. Eine zweite Ableitung des Integrals von $\frac{dx}{a+bx^2}$ ist folgende. Man setzt an Stelle der Gl. 2 die Relation:

$$\frac{dx}{a+bx^2} = \frac{\frac{dx}{bx^2}}{1+\left(\frac{\sqrt{a}}{\sqrt{b}x}\right)^2} = dy. \tag{7}$$

Multipliziert man, um die Operationen in den Gl. 9—11 zu ermöglichen, diese Gleichung mit $-\sqrt{ab}$, so ist

$$\frac{-\frac{dx\sqrt{a}}{\sqrt{b}x^2}}{1+\left(\frac{\sqrt{a}}{\sqrt{b}x}\right)^2} = -\sqrt{ab}\,dy. \tag{8}$$

Nun ist aber (Neue Int.-Meth. Gl. 180, S. 34):

$$-\frac{dx\sqrt{a}}{\sqrt{b}x^2} = d\,\frac{\sqrt{a}}{\sqrt{b}x}, \tag{9}$$

folglich

$$Ds\,\frac{d\,\frac{\sqrt{a}}{\sqrt{b}x}}{1+\left(\frac{\sqrt{a}}{\sqrt{b}x}\right)^2} = Ds - \sqrt{ab}\,dy, \tag{10}$$

oder mit Rücksicht auf die Gl. 1, wenn man zugleich dy von den Konstanten befreit:

$$-\frac{1}{\sqrt{ab}}\arctan\frac{\sqrt{a}}{\sqrt{b}\,x} = Ds\,dy. \qquad 11)$$

Die Richtigkeit des vorstehenden Integrals ergiebt sich, wenn man zu demselben aus der willkürlichen Konstante $\frac{1}{\sqrt{ab}}\cdot\frac{\pi}{2}$ addiert. Es ist dann

$$-\frac{1}{\sqrt{ab}}\arctan\frac{\sqrt{a}}{\sqrt{b}\,x} = \frac{1}{\sqrt{ab}}\left(\frac{\pi}{2} - \arctan\frac{\sqrt{a}}{\sqrt{b}\,x}\right) = \frac{1}{\sqrt{ab}}\operatorname{arccot}\frac{\sqrt{a}}{\sqrt{b}\,x}$$

$$= \frac{1}{\sqrt{ab}}\arctan\frac{\sqrt{b}\,x}{\sqrt{a}}, \qquad 12)$$

was mit der Gl. 6 vollkommen übereinstimmt.

III. Schliesslich mag noch bemerkt werden, dass

$$Ds\frac{dx}{-a-bx^2} = -Ds\frac{dx}{a+bx^2} \qquad 13)$$

ist und dass in den letzteren Ausdruck alle im §. 6—8 gefundenen Integrale von $\frac{dx}{a+bx^2}$, die dann veränderte Zeichen erhalten, substituiert werden können.

§. 9.

Integration von $\frac{dx}{a-bx^2}$ und $\frac{dx}{-a+bx^2}$.

Eine besondere Entwicklung der vorstehenden Integrale ist deshalb erforderlich, weil ich überall voraussetze (vgl. §. 6), dass die Konstanten a, b, c u. s. f. positive Grössen sind.

I. Zur Auffindung des Integrals von $\frac{dx}{a-bx^2}$ setze man:

$$\omega = a - bx^2, \qquad 1)$$

$$\pi = \sqrt{a} + \sqrt{b}\,x, \qquad 2)$$

$$\varrho = \sqrt{a} - \sqrt{b}\,x, \qquad 3)$$

$$\pi + \varrho = 2\sqrt{a}, \qquad 4)$$

$$\pi\varrho = \omega = a - bx^2. \qquad 5)$$

Es ergiebt sich nun, wenn man genau so verfährt wie in §. 6, Gl. 6—7:

$$\frac{dx}{\pi} + \frac{dx}{\varrho} = 2\sqrt{a}\,dy. \qquad 6)$$

Nimmt man nach Anleitung von §. 6, Gl. 8—12 in vorstehender Gleichung beiderseits die Differentialsumme, so ist:

$$\frac{1}{\sqrt{b}} \log \pi - \frac{1}{\sqrt{b}} \log \varrho = Ds\, 2\sqrt{a}\, dy, \qquad 7)$$

und wenn man dy von den Konstanten befreit:

$$\frac{1}{2\sqrt{ab}} \log \frac{\pi}{\varrho} = \frac{1}{2\sqrt{ab}} \log \frac{\sqrt{a}+\sqrt{b}\,x}{\sqrt{a}-\sqrt{b}\,x} = Ds\, dy = Ds \frac{dx}{a - bx^2}. \qquad 8)$$

II. Zur Auffindung von $Ds \dfrac{dx}{-a+bx^2}$ setze man:

$$\omega = -a + bx^2, \qquad 9)$$

$$\pi = \sqrt{a} + \sqrt{b}\,x, \qquad 10)$$

$$\varrho = -\sqrt{a} + \sqrt{b}\,x, \qquad 11)$$

$$\pi - \varrho = 2\sqrt{a}, \qquad 12)$$

$$\pi\varrho = \omega = -a + bx^2$$

und es ergiebt sich, wenn man die zur Genüge bekannten Methoden anwendet,

$$\frac{1}{2\sqrt{ab}} \log \frac{\varrho}{\pi} = \frac{1}{2\sqrt{ab}} \log \frac{-\sqrt{a}+\sqrt{b}\,x}{\sqrt{a}+\sqrt{b}\,x} = Ds\, dy = Ds \frac{dx}{-a+bx^2}. \qquad 13)$$

Dieses Resultat kann übrigens auch mittelbar aus dem Integral in der Gl. 8 abgeleitet werden, wenn man mit Rücksicht auf die Relation:

$$d \log(a - bx) = d \log(bx - a) \qquad 14)$$

folgende Gleichung bildet:

$$Ds \frac{dx}{-a+bx^2} = -Ds \frac{dx}{a-bx^2} = -\frac{1}{2\sqrt{ab}} \log \frac{\sqrt{a}+\sqrt{b}\,x}{\sqrt{a}-\sqrt{b}\,x} =$$

$$= \frac{1}{2\sqrt{ab}} \log \frac{\sqrt{a}-\sqrt{b}\,x}{\sqrt{a}+\sqrt{b}\,x} = \frac{1}{2\sqrt{ab}} \log \frac{-\sqrt{a}+\sqrt{b}\,x}{\sqrt{a}+\sqrt{b}\,x}. \qquad 15)$$

§. 10.

Integration von $\dfrac{dx}{\pm a \pm bx \pm cx^2}$.

Ich setze voraus, dass in dem vorstehenden Integral, ebenso wie in allen früheren und späteren Fällen, die Konstanten a, b, c immer positive Grössen sind. Diese Voraussetzung ist unerlässlich, damit später die erforderlichen Substitutionen der Faktoren-Differentiale mit Sicherheit vorgenommen werden können. Daraus erwächst aber dann auch die Notwendigkeit, für alle Zeichenkombinationen des Nenners die entsprechenden Integrale zu ermitteln.

Ich setze der Kürze wegen die in den nachfolgenden Integrationen häufig vorkommenden Ausdrücke

$$b^2 - 4ac = \delta, \tag{1}$$

$$4ac - b^2 = \Delta = -\delta, \tag{2}$$

$$b^2 + 4ac = \sigma. \tag{3}$$

I. Zur Auffindung des Integrals von $\frac{dx}{a + bx + cx^2}$ wendet man wieder die Methode der Zerlegung in Faktoren und der Einführung von Variablen und Konstanten an und setzt demgemäss:

$$\omega = a + bx + cx^2, \tag{4}$$

$$\pi = b + 2cx + \sqrt{\delta}, \tag{5}$$

$$\varrho = b + 2cx - \sqrt{\delta}, \tag{6}$$

$$\pi - \varrho = 2\sqrt{\delta}, \tag{7}$$

$$\pi\varrho = 4c\omega; \ \omega = \frac{\pi\varrho}{4c}. \tag{8}$$

Substituiert man nun in die Fundamentalgleichung:

$$\frac{dx}{a + bx + cx^2} = \frac{dx}{\omega} = dy \tag{9}$$

den Wert aus der Gl. 8, so ist:

$$\frac{4c\,dx}{\pi\varrho} = dy. \tag{10}$$

Führt man nunmehr mit Rücksicht auf die Gl. 7 Variable und Konstanten ein, so ist:

$$\frac{4c(\pi - \varrho)\,dx}{\pi\varrho} = 2\sqrt{\delta}\,dy \tag{11}$$

oder

$$\frac{dx}{\varrho} - \frac{dx}{\pi} = \frac{\sqrt{\delta}}{2c}\,dy. \tag{12}$$

Nimmt man nun beiderseits die Differentialsumme, so ist, wenn in §. 6, Gl. 8 statt a der entsprechende Wert in ϱ, nämlich $b - \sqrt{\delta}$, statt b der Ausdruck $2c$ gesetzt wird:

$$Ds\,\frac{dx}{\varrho} = Ds\,\frac{dx}{b - \sqrt{\delta} + 2cx} = \frac{1}{2c}\log\bar{\varrho}. \tag{13}$$

Ebenso ist:

$$Ds - \frac{dx}{\pi} = -Ds\,\frac{dx}{b + \sqrt{\delta} + 2cx} = -\frac{1}{2c}\log\pi. \tag{14}$$

Substituiert man die Differentialsummen aus den Gl. 13 und 14 in die Gl. 12, so nimmt diese folgende Gestalt an:

$$\frac{1}{2c}\log\bar{\varrho} - \frac{1}{2c}\log\bar{\pi} = Ds\,\frac{\sqrt{\delta}}{2c}\,dy \tag{15}$$

oder

$$\log\frac{\bar{\varrho}}{\bar{\pi}} = Ds\,\sqrt{\delta}\,dy. \tag{16}$$

Befreit man nun dy von der Konstante, so ist:

$$\frac{1}{\sqrt{\delta}}\log\frac{\bar{\varrho}}{\bar{\pi}} = \frac{1}{\sqrt{b^2-4ac}}\log\frac{b+2c\bar{x}-\sqrt{b^2-4ac}}{b+2c\bar{x}+\sqrt{b^2-4ac}}$$

$$= Ds\,dy = Ds\,\frac{dx}{a+bx+cx^2}. \tag{17}$$

Das vorstehende Integral wird (ebenso wie die übrigen in diesem Paragraph entwickelten) imaginär, wenn $b^2 < 4ac$ ist. In diesem Falle können die betreffenden Differentiale nur durch Kreisbögen integriert werden (vgl. unten §. 12).

II. Ist dagegen $b^2 = 4ac$, folglich $b^2 - 4ac = \delta = 0$, so ist (Gl. 5, 6):

$$\pi = \varrho = b + 2cx, \tag{18}$$

und es nimmt demgemäss die Gl. 10 folgende Gestalt an:

$$\frac{4c\,dx}{\pi^2} = \frac{4c\,dx}{\varrho^2} = dy. \tag{19}$$

Nun ist aber (Neue Int.-Meth. S. 36, Gl. 186):

$$Ds\,\frac{dx}{(a+bx)^2} = -\frac{1}{b(a+b\bar{x})}, \tag{20}$$

folglich, wenn man in der vorstehenden Formel statt a den entsprechenden Wert in π oder ϱ (Gl. 18), nämlich b, statt b den Ausdruck $2c$ substituiert:

$$Ds\,\frac{4c\,dx}{\pi^2} = Ds\,\frac{4c\,dx}{\varrho^2} = 4c\,Ds\,\frac{dx}{\pi^2} = -\frac{2}{\bar{\pi}} = -\frac{2}{b+2c\bar{x}}. \tag{21}$$

III. Zur Integration von $\frac{dx}{a-bx+cx^2}$ setze man:

$$\omega = a - bx + cx^2, \tag{22}$$

$$\pi = b - 2cx + \sqrt{\delta}, \tag{23}$$

$$\varrho = b - 2cx - \sqrt{\delta}, \tag{24}$$

$$\pi - \varrho = 2\sqrt{\delta}, \tag{25}$$

$$\pi\varrho = 4c\omega;\quad \omega = \frac{\pi\varrho}{4c}. \tag{26}$$

Wendet man nun auf die Fundamentalgleichung:

$$\frac{dx}{a - bx + cx^2} = \frac{dx}{\omega} = dy \tag{27}$$

mit Rücksicht auf die Gl. 23—26 die Methode der Einführung von Variablen und Konstanten an (vgl. oben Gl. 10—12), so ergiebt sich folgende Gleichung:

$$\frac{dx}{\varrho} - \frac{dx}{\pi} = \frac{\sqrt{\delta}}{2c}\, dy. \tag{28}$$

Nimmt man sodann, ähnlich wie oben in den Gl. 13—17 beiderseits die Differentialsummen und befreit man zugleich dy von den Konstanten, so ergiebt sich das Integral:

$$\frac{1}{\sqrt{\delta}} \log \frac{\bar{\pi}}{\bar{\varrho}} = \frac{1}{\sqrt{b^2 - 4ac}} \log \frac{b - 2c\bar{x} + \sqrt{b^2 - 4ac}}{b - 2c\bar{x} - \sqrt{b^2 - 4ac}} = Ds \frac{dx}{a - bx + cx^2}. \tag{29}$$

Auch dieses Integral wird, wenn $b^2 < 4ac$ ist, imaginär und kann dann in reeller endlicher Form nur durch Kreisbögen integriert werden (vgl. unten §. 12). Ist dagegen $b^2 = 4ac$, so ergiebt sich nach ähnlichen Operationen wie in der Gl. 18—21

$$Ds \frac{dx}{a - bx + cx^2} = \frac{2}{b - 2c\bar{x}}. \tag{30}$$

IV. Zur Integration von $\frac{dx}{-a + bx - cx^2}$ setze man:

$$\omega = -a + bx - cx^2, \tag{31}$$

$$\pi = b - 2cx + \sqrt{\delta}, \tag{32}$$

$$\varrho = -b + 2cx + \sqrt{\delta}, \tag{33}$$

$$\pi + \varrho = 2\sqrt{\delta}, \tag{34}$$

$$\pi\varrho = 4c\omega; \quad \omega = \frac{\pi\varrho}{4c}, \tag{35}$$

und es wird sich nach Anwendung der zur Genüge bekannten Methoden das Integral ergeben:

$$\frac{1}{\sqrt{\delta}} \log \frac{\bar{\varrho}}{\bar{\pi}} = \frac{1}{\sqrt{\delta}} \log \frac{-b + 2c\bar{x} + \sqrt{\delta}}{b - 2c\bar{x} + \sqrt{\delta}} = Ds \frac{dx}{-a + bx - cx^2}. \tag{36}$$

Dieses Integral kann übrigens (vgl. §. 9, Gl. 14, 15) auch mittelbar aus dem Integral in der Gl. 29 durch folgende Gleichung ermittelt werden:

$$Ds \frac{dx}{-a + bx - cx^2} = - Ds \frac{dx}{a - bx + cx^2} = - \frac{1}{\sqrt{\delta}} \log \frac{b - 2c\bar{x} + \sqrt{\delta}}{b - 2c\bar{x} - \sqrt{\delta}} =$$

$$= \frac{1}{\sqrt{\delta}} \log \frac{b - 2c\bar{x} - \sqrt{\delta}}{b - 2c\bar{x} + \sqrt{\delta}}. \tag{37}$$

Die beiden Integrale in der Gl. 36 und 37 sind mit Rücksicht auf die Relation in §. 9, Gl. 14 identisch.

V. Zur Auffindung des Integrals von $\frac{dx}{-a-bx-cx^2}$ setze man:

$$\omega = -a - bx - cx^2, \tag{38}$$

$$\pi = b + 2cx + \sqrt{\delta}, \tag{39}$$

$$\varrho = -b - 2cx + \sqrt{\delta}, \tag{40}$$

$$\pi + \varrho = 2\sqrt{\delta}, \tag{41}$$

$$\pi\varrho = 4c\omega; \quad \omega = \frac{\pi\varrho}{4c} \tag{42}$$

und es ergiebt sich nach einigen leichten Operationen das Integral:

$$\frac{1}{\sqrt{\delta}} \log \frac{\bar{\pi}}{\bar{\varrho}} = \frac{1}{\sqrt{\delta}} \log \frac{b + 2c\bar{x} + \sqrt{\delta}}{-b - 2c\bar{x} + \sqrt{\delta}} = Ds \frac{dx}{-a - bx - cx^2}. \tag{43}$$

Man kann aber auch (vgl. Gl. 37) mittelbar aus der Gl. 17 folgendes Integral entwickeln, welches mit Rücksicht auf §. 9, Gl. 14 und 15 identisch ist:

$$Ds \frac{dx}{-a - bx - cx^2} = -Ds \frac{dx}{a + bx + cx^2} = -\frac{1}{\sqrt{\delta}} \log \frac{b + 2c\bar{x} - \sqrt{\delta}}{b + 2c\bar{x} + \sqrt{\delta}} =$$

$$= \frac{1}{\sqrt{\delta}} \log \frac{b + 2c\bar{x} + \sqrt{\delta}}{b + 2c\bar{x} - \sqrt{\delta}}. \tag{44}$$

§. 11.

Integration von $\frac{dx}{\pm a \pm bx \pm cx^2}$ (Fortsetzung).

Während die im §. 10 entwickelten Integrale in dem Falle, dass $b^2 < 4ac$ ist, imaginär werden, enthalten die nachfolgenden Integrale den Ausdruck $\sqrt{b^2 + 4ac} = \sqrt{\sigma}$, welcher bei positivem a, b, c immer reell ist.

I. Zur Auffindung des Integrals von $\frac{dx}{-a+bx+cx^2}$ setze man:

$$\omega = -a + bx + cx^2, \tag{1}$$

$$\pi = b + 2cx + \sqrt{\sigma}, \tag{2}$$

$$\varrho = b + 2cx - \sqrt{\sigma}, \tag{3}$$

$$\pi - \varrho = 2\sqrt{\sigma}, \tag{4}$$

$$\pi\varrho = 4c\omega; \quad \omega = \frac{\pi\varrho}{4c}, \tag{5}$$

so ergiebt sich nach Anwendung der bekannten Methoden:

$$\frac{1}{\sqrt{\sigma}} \log \frac{\bar{\varrho}}{\bar{\pi}} = \frac{1}{\sqrt{\sigma}} \log \frac{b + 2c\bar{x} - \sqrt{\sigma}}{b + 2c\bar{x} + \sqrt{\sigma}} = Ds \frac{dx}{-a + bx + cx^2}. \tag{6}$$

II. Zur Auffindung des Integrals von $\frac{dx}{a+bx-cx^2}$ setze man:

$$\omega = a + bx - cx^2, \tag{7}$$

$$\pi = b - 2cx + \sqrt{\sigma}, \tag{8}$$

$$\varrho = -b + 2cx + \sqrt{\sigma}, \tag{9}$$

$$\pi + \varrho = 2\sqrt{\sigma}, \tag{10}$$

$$\pi\varrho = 4c\omega; \quad \omega = \frac{\pi\varrho}{4c}, \tag{11}$$

und es ergiebt sich das Integral:

$$\frac{1}{\sqrt{\sigma}} \log \frac{\bar{\varrho}}{\bar{\pi}} = \frac{1}{\sqrt{\sigma}} \log \frac{-b+2c\bar{x}+\sqrt{\sigma}}{b-2c\bar{x}+\sqrt{\sigma}} = Ds\,\frac{dx}{a+bx-cx^2}. \tag{12}$$

III. Zur Auffindung des Integrals $\frac{dx}{-a-bx+cx^2}$ setze man:

$$\omega = -a - bx + cx^2, \tag{13}$$

$$\pi = b - 2cx + \sqrt{\sigma}, \tag{14}$$

$$\varrho = b - 2cx - \sqrt{\sigma}, \tag{15}$$

$$\pi - \varrho = 2\sqrt{\sigma}, \tag{16}$$

$$\pi\varrho = 4c\omega; \quad \omega = \frac{\pi\varrho}{4c}, \tag{17}$$

und es ergiebt sich nach den bekannten Operationen das Integral:

$$\frac{1}{\sqrt{\sigma}} \log \frac{\bar{\pi}}{\bar{\varrho}} = \frac{1}{\sqrt{\sigma}} \log \frac{b-2c\bar{x}+\sqrt{\sigma}}{b-2c\bar{x}-\sqrt{\sigma}} = Ds\,\frac{dx}{-a-bx+cx^2}. \tag{18}$$

Dieses Integral kann auch mittelbar aus jenem der Gl. 12 durch folgende Gleichung gewonnen werden:

$$Ds\,\frac{dx}{-a-bx+cx^2} = -Ds\,\frac{dx}{a+bx-cx^2} = -\frac{1}{\sqrt{\sigma}} \log \frac{-b+2c\bar{x}+\sqrt{\sigma}}{b-2c\bar{x}+\sqrt{\sigma}} =$$

$$= \frac{1}{\sqrt{\sigma}} \log \frac{b-2c\bar{x}+\sqrt{\sigma}}{-b+2c\bar{x}+\sqrt{\sigma}}. \tag{19}$$

Die beiden Integrale in den Gl. 18 und 19 sind mit Rücksicht auf die Relation in §. 9, Gl. 14 identisch.

IV. Endlich zur Integration des Differentials $\frac{dx}{a-bx-cx^2}$ setze man:

$$\omega = a - bx - cx^2, \tag{20}$$

$$\pi = b + 2cx + \sqrt{\sigma}, \tag{21}$$

$$\varrho = -b - 2cx + \sqrt{\sigma}, \tag{22}$$

$$\pi + \varrho = 2\sqrt{\sigma}, \tag{23}$$

$$\pi\varrho = 4c\omega; \quad \omega = \frac{\pi\varrho}{4c}, \tag{24}$$

und es ergiebt sich das Integral:

$$\frac{1}{\sqrt{\sigma}} \log \frac{\pi}{\varrho} = \frac{1}{\sqrt{\sigma}} \log \frac{b + 2c\bar{x} + \sqrt{\sigma}}{-b - 2c\bar{x} + \sqrt{\sigma}} = Ds \frac{dx}{a - bx - cx^2}. \tag{25}$$

Dieses Integral kann übrigens auch mittelbar aus jenem in der Gl. 6 abgeleitet werden, indem man folgende Gleichung bildet:

$$Ds \frac{dx}{a - bx - cx^2} = - Ds \frac{dx}{-a + bx + cx^2} = - \frac{1}{\sqrt{\sigma}} \log \frac{b + 2c\bar{x} - \sqrt{\sigma}}{b + 2c\bar{x} + \sqrt{\sigma}}$$

$$= \frac{1}{\sqrt{\sigma}} \log \frac{b + 2c\bar{x} + \sqrt{\sigma}}{b + 2c\bar{x} - \sqrt{\sigma}}. \tag{26}$$

Beide Integrale (Gl. 25 und 26) sind aus dem unter III. angeführten Grunde identisch.

§. 12.

Integration von $\frac{dx}{\pm a \pm bx \pm cx^2}$ (Fortsetzung).

Die im §. 10 entwickelten Integrale enthalten insgesamt den Ausdruck $\sqrt{b^2 - 4ac} = \sqrt{\delta}$ und werden deshalb für $b^2 < 4ac$ imaginär, in welchem Falle nur die Integration durch Kreisbögen möglich ist. Diese Integrale sind jetzt noch aus den Differentialen abzuleiten.

I. Bei Ermittlung des Integrals von $\frac{dx}{a + bx + cx^2}$ ist die Fundamentalgleichung:

$$\frac{dx}{a + bx + cx^2} = \frac{dx}{\omega} = dy \tag{1}$$

und diese ist auf die cyclometrische Relation (§. 8, Gl. 1 ff.)

$$Ds \frac{df(x)}{1 + [f(x)]^2} = \operatorname{arctan} f(\bar{x}) \tag{2}$$

zurückzuführen. Nun ist aber, wenn man $4ac - b^2 = \varDelta$ setzt:

$$\frac{dx}{a + bx + cx^2} = \frac{4c\,dx}{4ac + 4bcx + 4c^2x^2 + b^2 - b^2} = \frac{4c\,dx}{\varDelta + (b + 2cx)^2} =$$

$$= \frac{\frac{4c\,dx}{\varDelta}}{1 + \left(\frac{b + 2cx}{\sqrt{\varDelta}}\right)^2}. \tag{3}$$

Substituiert man den letzten Ausdruck in die Gl. 1, so ist:

$$\frac{\frac{4c\,dx}{\varDelta}}{1 + \left(\frac{b + 2cx}{\sqrt{\varDelta}}\right)^2} = dy. \tag{4}$$

Multipliziert man, um die Operationen in den Gl. 6—8 zu ermöglichen, beiderseits mit $\frac{\sqrt{\Delta}}{2}$, so ist

$$\frac{\frac{2c\,dx}{\sqrt{\Delta}}}{1+\left(\frac{b+2cx}{\sqrt{\Delta}}\right)^2} = \frac{\sqrt{\Delta}}{2}\,dy. \tag{5}$$

Nun ist aber:

$$\frac{2c\,dx}{\sqrt{\Delta}} = d\,\frac{b+2cx}{\sqrt{\Delta}}, \tag{6}$$

folglich, wenn man diesen letzteren Ausdruck in die Gl. 5 substituiert und beiderseits die Differentialsumme nimmt:

$$Ds\,\frac{d\,\frac{b+2cx}{\sqrt{\Delta}}}{1+\left(\frac{b+2cx}{\sqrt{\Delta}}\right)^2} = (\text{Gl. } 2)\ \operatorname{arctan}\frac{b+2c\bar{x}}{\sqrt{\Delta}} = Ds\,\frac{\sqrt{\Delta}}{2}\,dy \tag{7}$$

und wenn man dy von den Konstanten befreit:

$$\frac{2}{\sqrt{\Delta}}\operatorname{arctan}\frac{b+2c\bar{x}}{\sqrt{\Delta}} = Ds\,dy = Ds\,\frac{dx}{a+bx+cx^2}. \tag{8}$$

Da auch $(-b-2cx)^2 = b^2+4bcx+4c^2x^2$ ist, so kann man in der Gleichung 3 den Ausdruck $b+2cx$ durch $-b-2cx$ ersetzen. Da jedoch $d(-b-2cx) = -2c\,dx$ ist, so muss in diesem Falle die Gl. 4 mit $-\frac{\sqrt{\Delta}}{2}$ multipliziert werden und es ergiebt sich dann das Integral:

$$-\frac{2}{\sqrt{\Delta}}\operatorname{arctan}\frac{-b-2c\bar{x}}{\sqrt{\Delta}} = (\S.\ 8,\ \text{Gl. } 12)\ \frac{2}{\sqrt{\Delta}}\operatorname{arctan}\frac{\sqrt{\Delta}}{-b-2c\bar{x}} = Ds\,dy, \tag{9}$$

welche Gleichung übrigens auch mittelbar aus der Gl. 8 mit Hilfe von bekannten cyclometrischen und goniometrischen Relationen gefunden werden kann.

II. Auf ganz analoge Weise kann man noch folgende Gleichungen ableiten:

$$Ds\,\frac{dx}{a-bx+cx^2} = \frac{2}{\sqrt{\Delta}}\operatorname{arctan}\frac{-b+2c\bar{x}}{\sqrt{\Delta}} = -\frac{2}{\sqrt{\Delta}}\operatorname{arctan}\frac{b-2c\bar{x}}{\sqrt{\Delta}} = (\S.8, \text{Gl.} 12)$$

$$= \frac{2}{\sqrt{\Delta}}\operatorname{arctan}\frac{\sqrt{\Delta}}{b-2c\bar{x}}. \tag{10}$$

$$Ds\,\frac{dx}{-a+bx-cx^2} = -Ds\,\frac{dx}{a-bx+cx^2} = (\text{Gl. } 10)\ \frac{2}{\sqrt{\Delta}}\operatorname{arctan}\frac{b-2c\bar{x}}{\sqrt{\Delta}}. \tag{11}$$

$$Ds\,\frac{dx}{-a-bx-cx^2} = -Ds\,\frac{dx}{a+bx+cx^2} = (\text{Gl. } 8)\ \frac{2}{\sqrt{\Delta}}\operatorname{arctan}\frac{\sqrt{\Delta}}{b+2c\bar{x}}. \tag{12}$$

III. Schliesslich sind noch einige Faktoren-Differentiale zu erwähnen, welche die Eigentümlichkeit haben, dass mit Rücksicht auf die besonderen Werte von a, b, c der Ausdruck $\sqrt{b^2 - 4ac}$ immer imaginär ist. Ich werde bei diesen Integralen, welche für die späteren Integrationen (§. 13 ff.) von entscheidender Bedeutung sind, zuerst die reellen cyclometrischen und dann die imaginären algebraischen Ausdrücke geben.

Man setze in den Gleichungen §. 12, Gl. 8 (s. auch Gl. 9), ferner in §. 10, Gl. 17 für a, b, c die Ausdrücke α^2, $\alpha\beta$ und β^2, so ergiebt sich:

$$Ds \frac{dx}{\alpha^2 + \alpha\beta x + \beta^2 x^2} = Ds \frac{dx}{\pi} = \frac{2}{\sqrt{3}\,\alpha\beta} \arctan \left(\frac{2\beta\bar{x}}{\alpha\sqrt{3}} + \frac{1}{\sqrt{3}}\right). \qquad 13)$$

$$\text{"} \qquad \text{"} = \frac{1}{\sqrt{-3}\,\alpha\beta} \log \frac{\alpha(1-\sqrt{-3}) + 2\beta\bar{x}}{\alpha(1+\sqrt{-3}) + 2\beta\bar{x}}. \qquad 14)$$

$$Ds \frac{dx}{\alpha^2 - \alpha\beta x + \beta^2 x^2} = Ds \frac{dx}{\varrho} = (\text{Gl.}10) \frac{2}{\sqrt{3}\,\alpha\beta} \arctan \left(\frac{2\beta\bar{x}}{\sqrt{3}\alpha} - \frac{1}{\sqrt{3}}\right). \qquad 15)$$

$$\text{"} \qquad \text{"} = (\S.10, \text{Gl.}29) \frac{1}{\sqrt{-3}\,\alpha\beta} \log \frac{\alpha(1+\sqrt{-3}) - 2\beta\bar{x}}{\alpha(1-\sqrt{-3}) - 2\beta\bar{x}}. \qquad 16)$$

Um die Summe und die Differenz dieser beiden Differentialsummen zu finden, benutze man die bekannte cyclometrische Relation:

$$\arctan x \pm \arctan y = \arctan \frac{x \pm y}{1 \mp xy} \qquad 17)$$

und es ergiebt sich nach einigen Reductionen:

$$Ds \frac{dx}{\pi} + Ds \frac{dx}{\varrho} = \frac{2}{\sqrt{3}\,\alpha\beta} \arctan \frac{\sqrt{3}\,\alpha\beta\bar{x}}{\alpha^2 - \beta^2\bar{x}^2} = (\text{Gl.}10) \frac{2}{\sqrt{3}\,\alpha\beta} \arctan \frac{\beta^2\bar{x}^2 - \alpha^2}{\sqrt{3}\,\alpha\beta}. \qquad 18)$$

$$Ds \frac{dx}{\pi} - Ds \frac{dx}{\varrho} = \frac{2}{\sqrt{3}\,\alpha\beta} \arctan \frac{\sqrt{3}\,\alpha^2}{\alpha^2 + 2\beta^2\bar{x}^2}. \qquad 19)$$

IV. Setzt man in den vorerwähnten Gleichungen $a = \alpha^2$, $b = \sqrt{2}\,\alpha\beta$, $c = \beta^2$, so ergiebt sich:

$$Ds \frac{dx}{\alpha^2 + \sqrt{2}\,\alpha\beta x + \beta^2 x^2} = \frac{dx}{\pi} = \frac{\sqrt{2}}{\alpha\beta} \arctan \left(\frac{\sqrt{2}\,\beta\bar{x}}{\alpha} + 1\right). \qquad 20)$$

$$\text{"} \qquad \text{"} = \frac{1}{\sqrt{-2}\,\alpha\beta} \log \frac{\alpha(\sqrt{2} - \sqrt{-2}) + 2\beta\bar{x}}{\alpha(\sqrt{2} + \sqrt{-2}) + 2\beta\bar{x}}. \qquad 21)$$

$$Ds \frac{dx}{\alpha^2 - \sqrt{2}\,\alpha\beta x + \beta^2 x^2} = \frac{dx}{\varrho} = \frac{\sqrt{2}}{\alpha\beta} \arctan \left(\frac{\sqrt{2}\,\beta\bar{x}}{\alpha} - 1\right). \qquad 22)$$

$$\text{"} \qquad \text{"} = \frac{1}{\sqrt{-2}\,\alpha\beta} \log \frac{\alpha(\sqrt{2} + \sqrt{-2}) - 2\beta\bar{x}}{\alpha(\sqrt{2} - \sqrt{-2}) - 2\beta\bar{x}}. \qquad 23)$$

$$Ds \frac{dx}{\pi} + Ds \frac{dx}{\varrho} = (\text{Gl.}17) \frac{\sqrt{2}}{\alpha\beta} \arctan \frac{\sqrt{2}\,\alpha\beta\bar{x}}{\alpha^2 - \beta^2\bar{x}^2} =$$

$$= (\text{Gl. }10) \frac{\sqrt{2}}{\alpha\beta} \arctan \frac{\beta^2\bar{x}^2 - \alpha^2}{\sqrt{2}\,\alpha\beta\bar{x}}. \qquad 24)$$

$$Ds\frac{dx}{\pi} - Ds\frac{dx}{\varrho} = (\text{Gl. } 17)\ \frac{\sqrt{2}}{\alpha\beta}\arctan\frac{\alpha^2}{\beta^2\bar{x}^2} =$$

$$= (\S.8, \text{Gl.} 6, 11) - \frac{\sqrt{2}}{\alpha\beta}\arctan\frac{\beta^2\bar{x}^2}{\alpha^2}. \qquad 25)$$

V. Setzt man

$$\varkappa = 2\sqrt{ac} + b. \qquad 26)$$

$$\lambda = 2\sqrt{ac} - b, \qquad 27)$$

$$\varkappa\lambda = 4ac - b^2 = \varDelta, \qquad 28)$$

und vertauscht man in den obenerwähnten Gleichungen a und c durch die Wurzeln $\sqrt{a}$ und $\sqrt{c}$, b durch $\sqrt{\varkappa}$, so ist

$$Ds\frac{dx}{\sqrt{a} + \sqrt{\varkappa}\,x + \sqrt{c}\,x^2} = Ds\frac{dx}{\pi} = \frac{2}{\sqrt{\lambda}}\arctan\frac{\sqrt{\varkappa} + 2\sqrt{c}\,\bar{x}}{\sqrt{\lambda}}. \qquad 29)$$

$$\text{„} \qquad \text{„} = \frac{1}{\sqrt{-\lambda}}\log\frac{\sqrt{\varkappa} + 2c\bar{x} - \sqrt{-\lambda}}{\sqrt{\varkappa} + 2c\bar{x} + \sqrt{-\lambda}}. \qquad 30)$$

$$Ds\frac{dx}{\sqrt{a} - \sqrt{\varkappa}\,x + \sqrt{c}\,x^2} = Ds\frac{dx}{\varrho} = \frac{2}{\sqrt{\lambda}}\arctan\frac{-\sqrt{\varkappa} + 2c\bar{x}}{\sqrt{\lambda}}. \qquad 31)$$

$$\text{„} \qquad \text{„} = \frac{1}{\sqrt{-\lambda}}\log\frac{\sqrt{\varkappa} - 2c\bar{x} + \sqrt{-\lambda}}{\sqrt{\varkappa} - 2c\bar{x} - \sqrt{-\lambda}}. \qquad 32)$$

$$Ds\frac{dx}{\pi} + Ds\frac{dx}{\varrho} = \frac{2}{\sqrt{\lambda}}\arctan\frac{\sqrt{\lambda}\,\bar{x}}{\sqrt{a} - \sqrt{c}\,\bar{x}^2} = \frac{2}{\sqrt{\lambda}}\arctan\frac{\sqrt{c}\,\bar{x}^2 - \sqrt{a}}{\sqrt{\lambda}\,\bar{x}}. \qquad 33)$$

$$Ds\frac{dx}{\pi} - Ds\frac{dx}{\varrho} = \frac{2}{\sqrt{\lambda}}\arctan\frac{\sqrt{\varDelta}}{2c\bar{x}^2 - b} = \frac{2}{\sqrt{\lambda}}\arctan\frac{b - 2c\bar{x}^2}{\sqrt{\varDelta}}. \qquad 34)$$

VI. Wendet man die nämlichen Abkürzungen wie sub V an, so ist endlich:

$$Ds\frac{dx}{\sqrt{a} + \sqrt{\lambda}\,x + \sqrt{c}\,x^2} = Ds\frac{dx}{\pi} = \frac{2}{\sqrt{\varkappa}}\arctan\frac{\sqrt{\lambda} + 2\sqrt{c}\,\bar{x}}{\sqrt{\varkappa}}. \qquad 35)$$

$$\text{„} \qquad \text{„} = \frac{1}{\sqrt{-\varkappa}}\log\frac{\sqrt{\lambda} + 2\sqrt{c}\,\bar{x} - \sqrt{-\varkappa}}{\sqrt{\lambda} + 2\sqrt{c}\,\bar{x} + \sqrt{-\varkappa}}. \qquad 36)$$

$$Ds\frac{dx}{\sqrt{a} - \sqrt{\lambda}\,x + \sqrt{c}\,x^2} = Ds\frac{dx}{\varrho} = \frac{2}{\sqrt{\varkappa}}\arctan\frac{-\sqrt{\lambda} + 2\sqrt{c}\,\bar{x}}{\sqrt{\varkappa}}. \qquad 37)$$

$$\text{„} \qquad \text{„} = \frac{1}{\sqrt{-\varkappa}}\log\frac{\sqrt{\lambda} - 2\sqrt{c}\,\bar{x} + \sqrt{-\varkappa}}{\sqrt{\lambda} - 2\sqrt{c}\,\bar{x} - \sqrt{-\varkappa}}. \qquad 38)$$

$$Ds\frac{dx}{\pi} + Ds\frac{dx}{\varrho} = \frac{2}{\sqrt{\varkappa}}\arctan\frac{\sqrt{\varkappa}\,\bar{x}}{\sqrt{a} - \sqrt{c}\,\bar{x}^2} = \frac{2}{\sqrt{\varkappa}}\arctan\frac{\sqrt{c}\,\bar{x}^2 - \sqrt{a}}{\sqrt{\varkappa}\,\bar{x}}. \qquad 39)$$

$$Ds\frac{dx}{\pi} - Ds\frac{dx}{\varrho} = \frac{2}{\sqrt{\varkappa}}\arctan\frac{\sqrt{\varDelta}}{b + 2c\bar{x}^2}. \qquad 40)$$

§. 13.

Integration von $\frac{dx}{\pm a \pm bx^2 \pm cx^4}$.

Die vorstehenden Integrale können durch die in den §. 10—12 dargelegten Methoden ohne Zerlegung in Partialbrüche sehr leicht gefunden werden. Auch hier ist bei denjenigen Integralen, welche den Ausdruck $\sqrt{b^2 - 4ac} = \sqrt{\delta}$ enthalten, zu unterscheiden, ob $b^2 \gtreqless 4ac$ ist, während dies bei den Integralen mit dem Ausdruck $\sqrt{b^2 + 4ac} = \sqrt{\sigma}$ gleichgiltig ist, weil auch hier überall vorausgesetzt wird, dass a, b, c positive Grössen sind.

I. Zur Integration von $\frac{dx}{a + bx^2 + cx^4}$ $(b^2 > 4ac)$ setze man:

$$\omega = a + bx^2 + cx^4, \tag{1}$$

$$\pi = b + 2cx^2 + \sqrt{\delta}, \tag{2}$$

$$\varrho = b + 2cx^2 - \sqrt{\delta}, \tag{3}$$

$$\pi - \varrho = 2\sqrt{\delta}, \tag{4}$$

$$\pi\varrho = 4c\omega; \quad \omega = \frac{\pi\varrho}{4c}, \tag{5}$$

und es ergiebt sich ganz analog wie in §. 10, Gl. 9—12:

$$\frac{dx}{\varrho} - \frac{dx}{\pi} = \frac{\sqrt{\delta}}{2c}\, dy \tag{6}$$

oder

$$Ds\, \frac{dx}{b - \sqrt{\delta} + 2cx^2} - Ds\, \frac{dx}{b + \sqrt{\delta} + 2cx^2} = Ds\, \frac{\sqrt{\delta}}{2c}\, dy. \tag{7}$$

Nimmt man nach Anleitung der §§. 6—8 von den Differentialen links die Differentialsummen und befreit man dann dy von den Konstanten, so ist das Integral ermittelt.

II. Setzt man zur Integration von $\frac{dx}{a - bx^2 + cx^4}$ $(b^2 > 4ac)$

$$\omega = a - bx^2 + cx^4, \tag{9}$$

$$\pi = b - 2cx^2 + \sqrt{\delta}, \tag{10}$$

$$\varrho = b - 2cx^2 - \sqrt{\delta}, \tag{11}$$

$$\pi - \varrho = 2\sqrt{\delta}, \tag{12}$$

$$\pi\varrho = 4c\omega; \quad \omega = \frac{\pi\varrho}{4c}, \tag{13}$$

so erhält man nach einigen leichten Operationen:

$$\frac{2c}{\sqrt{\delta}} Ds\, \frac{dx}{b - \sqrt{\delta} - 2cx^2} - \frac{2c}{\sqrt{\delta}} Ds\, \frac{dx}{b + \sqrt{\delta} - 2cx^2} = Ds\, \frac{dx}{a - bx^2 + cx^4}. \tag{14}$$

Die Differentiale links können nach Anleitung des §. 9, Gl. 1—8 leicht integriert werden.

Auch die Integration von $\frac{dx}{-a+bx^2-cx^4}$ und von $\frac{dx}{-a-bx^2-cx^4}$ ist entweder durch Zeichenwechsel bei den Integralen in den Gl. 14 und 7 oder unmittelbar nach der Anleitung von §. 10, Abs. IV und V leicht durchzuführen.

III. Ist $b^2 = 4ac$, folglich $b^2 - 4ac = \delta = 0$, so ist (Gl. 2, 3)

$$\pi = \varrho = b + 2cx^2, \tag{15}$$

also analog wie in §. 10, Gl. 19

$$Ds \frac{dx}{a+bx^2+cx^4} = Ds \frac{4c\,dx}{\pi^2} = Ds \frac{4c\,dx}{\varrho^2}. \tag{16}$$

Nun ist aber zufolge §. 16, Gl. 20

$$4cDs \frac{dx}{(b+2cx^2)^2} = 4cDs \frac{dx}{\pi^2} = \frac{2c}{b}\left(\frac{\bar{x}}{\bar{\pi}} + Ds \frac{dx}{\pi}\right) =$$

$$= Ds \frac{dx}{a+bx^2+cx^4}\ [b^2 = 4ac]. \tag{17}$$

Ebenso ist (Gl. 9—13) zufolge §. 17, Gl. 8

$$4c\,Ds \frac{dx}{(b-2cx^2)^2} = 4cDs \frac{dx}{\pi^2} = \frac{2c}{b}\left(\frac{\bar{x}}{\bar{\pi}} + Ds \frac{dx}{\pi}\right) =$$

$$= Ds \frac{dx}{a-bx^2+cx^4}\ [b^2 = 4ac]. \tag{18}$$

IV. Ist endlich $b^2 < 4ac$, so setze man zur Integration von $\frac{dx}{a+bx^2+cx^4}$:

$$\omega = a + bx^2 + cx^4, \tag{19}$$

$$\varkappa = 2\sqrt{ac} + b, \tag{20}$$

$$\lambda = 2\sqrt{ac} - b, \tag{21}$$

$$\pi = \sqrt{a} + \sqrt{\lambda}\,x + \sqrt{c}\,x^2, \tag{22}$$

$$\varrho = \sqrt{a} - \sqrt{\lambda}\,x + \sqrt{c}\,x^2, \tag{23}$$

$$\frac{\pi - \varrho}{x} = 2\sqrt{\lambda}, \tag{24}$$

$$\pi\varrho = \omega, \tag{25}$$

und es ergiebt sich aus der Fundamentalgleichung, wenn man mit Rücksicht auf die Gl. 24 Variable und Konstanten einführt:

$$\frac{(\pi - \varrho)\,dx}{x\pi\varrho} = 2\sqrt{\lambda}\,dy \tag{26}$$

oder

$$\frac{dx}{x\varrho} - \frac{dx}{x\pi} = 2\sqrt{\lambda}\,dy. \tag{27}$$

Nun ist aber zufolge §. 21, Gl. 24, 20 (unten S. 47, 48):

$$Ds\frac{dx}{x\varrho} = Ds\frac{dx}{x(\sqrt{a}-\sqrt{\lambda}\,x+\sqrt{c}\,x^2)} = \frac{1}{2\sqrt{a}}\log\frac{\bar{x}^2}{\varrho} + \frac{\sqrt{\lambda}}{2\sqrt{a}}Ds\frac{dx}{\varrho}. \tag{28}$$

$$Ds-\frac{dx}{x\pi} = -Ds\frac{dx}{x(\sqrt{a}+\sqrt{\lambda}\,x+\sqrt{c}\,x^2)} = -\frac{1}{2\sqrt{a}}\log\frac{\bar{x}^2}{\pi} + \frac{\sqrt{\lambda}}{2\sqrt{a}}Ds\frac{dx}{\pi}. \tag{29}$$

Substituiert man die Differentialsummen aus den Gl. 28 und 29 in die Gl. 27, so ist:

$$\frac{1}{2\sqrt{a}}\log\frac{\pi}{\varrho} + \frac{\sqrt{\lambda}}{2\sqrt{a}}\left(Ds\frac{dx}{\pi} + Ds\frac{dx}{\varrho}\right) = Ds\,2\sqrt{\lambda}\,dy. \tag{30}$$

Substituiert man endlich für die Differentialsummen $Ds\frac{dx}{\pi}$ und $Ds\frac{dx}{\varrho}$ aus §. 12, Gl. 35 und 37 die entsprechenden Werte, so erscheint das Integral in der Form, welche manche Darstellungen der Integralrechnung aufweisen. Am einfachsten gestaltet sich aber dasselbe, wenn man aus §. 12, Gl. 39 die Gesamt-Differentialsumme von $\frac{dx}{\pi}$ und $\frac{dx}{\varrho}$ substituiert. Es ist dann:

$$\frac{1}{2\sqrt{a}}\log\frac{\pi}{\varrho} + \frac{\sqrt{\lambda}}{\sqrt{a\varkappa}}\arctan\frac{\sqrt{c}\,\bar{x}^2-\sqrt{a}}{\sqrt{\varkappa}\,\bar{x}} = Ds\,2\sqrt{\lambda}\,dy, \tag{31}$$

und wenn man dy von den Konstanten befreit

$$\frac{1}{4\sqrt{a\lambda}}\log\frac{\pi}{\varrho} + \frac{1}{2\sqrt{a\varkappa}}\arctan\frac{\sqrt{c}\,\bar{x}^2-\sqrt{a}}{\sqrt{\varkappa}\,\bar{x}} = Ds\frac{dx}{a+bx^2+cx^4}\ [b^2<4ac]. \tag{32}$$

V. Zur Integration von $\frac{dx}{a-bx^2+cx^4}$ $(b^2<4ac)$ setze man (s. Gl. 20, 21):

$$\omega = a - bx^2 + cx^4, \tag{33}$$

$$\pi = \sqrt{a} + \sqrt{\varkappa}\,x + \sqrt{c}\,x^2, \tag{34}$$

$$\varrho = \sqrt{a} - \sqrt{\varkappa}\,x + \sqrt{c}\,x^2, \tag{35}$$

$$\frac{\pi-\varrho}{x} = 2\sqrt{\varkappa}, \tag{36}$$

$$\pi\varrho = \omega, \tag{37}$$

und es ergiebt sich nach ganz ähnlichen Operationen wie in Abs. IV, wenn man für $Ds\frac{dx}{\pi} + Ds\frac{dx}{\varrho}$ den Wert aus §. 12, Gl. 33 substituiert, das Integral:

$$\frac{1}{4\sqrt{a\varkappa}}\log\frac{\pi}{\varrho} + \frac{1}{2\sqrt{a\lambda}}\arctan\frac{\sqrt{c}\,\bar{x}^2-\sqrt{a}}{\sqrt{\lambda}\,\bar{x}} = Ds\frac{dx}{a-bx^2+cx^4}\ [b^2<4ac]. \tag{38}$$

In allen Integralen, bei welchen für $Ds\frac{dx}{\pi}$ und $Ds\frac{dx}{\varrho}$ sub IV und V die reellen Kreisbogenintegrale benutzt wurden, kann auch der entsprechende imaginäre algebraische Ausdruck (§. 12, Gl. 30, 32, 36, 38) substituiert werden.

Schliesslich ist noch zu bemerken, dass die Integrale von $\frac{dx}{-a+bx^2-cx^4}$ und $\frac{dx}{-a-bx^2-cx^4}$ entweder mittelbar aus den Integralen in den Gl. 7, 14, 17, 18, 32, 38 durch Zeichenwechsel oder unmittelbar aus den Differentialen durch ähnliche Rechnungen wie oben (I—V) gefunden werden können.

VI. Zur Integration von $\frac{dx}{-a+bx^2+cx^4}$ setze man, ähnlich wie in §. 11, Gl. 1—5 ($\sigma = b^2 + 4ac$):

$$\omega = -a + bx^2 + cx^4, \tag{39}$$

$$\pi = b + 2cx^2 + \sqrt{\sigma}, \tag{40}$$

$$\varrho = b + 2cx^2 - \sqrt{\sigma}, \tag{41}$$

$$\pi - \varrho = 2\sqrt{\sigma}, \tag{42}$$

$$\pi\varrho = 4c\omega; \quad \omega = \frac{\pi\varrho}{4c}, \tag{43}$$

und man gelangt nach den bekannten Operationen zu der Gleichung

$$\frac{dx}{\varrho} - \frac{dx}{\pi} = \frac{\sqrt{\sigma}}{2c}\,dy \tag{44}$$

oder

$$\frac{2c}{\sqrt{\sigma}} Ds \frac{dx}{b-\sqrt{\sigma}+2cx^2} - \frac{2c}{\sqrt{\sigma}} Ds \frac{dx}{b+\sqrt{\sigma}+2cx^2} = Ds \frac{dx}{-a+bx^2+cx^4}. \tag{45}$$

Diese Gleichung kann nach Anleitung der §§. 6—8 leicht integriert werden.

VII. Zur Integration von $\frac{dx}{a+bx^2-cx^4}$ setze man, ähnlich wie in §. 11, Gl. 7—11:

$$\omega = a + bx^2 - cx^4, \tag{46}$$

$$\pi = b - 2cx^2 + \sqrt{\sigma}, \tag{47}$$

$$\varrho = -b + 2cx^2 + \sqrt{\sigma}, \tag{48}$$

$$\pi + \varrho = 2\sqrt{\sigma}, \tag{49}$$

$$\pi\varrho = 4c\omega; \quad \omega = \frac{\pi\varrho}{4c}, \tag{50}$$

und es ergiebt sich (vgl. §. 9, Gl. 8 und §. 6—8):

$$\frac{2c}{\sqrt{\sigma}} Ds \frac{dx}{b+\sqrt{\sigma}-2cx^2} + \frac{2c}{\sqrt{\sigma}} Ds \frac{dx}{-b+\sqrt{\sigma}+2cx^2} = Ds \frac{dx}{a+bx^2-cx^4}. \tag{51}$$

Die Integrale für $\frac{dx}{-a-bx^2+cx^4}$ und $\frac{dx}{a-bx^2-cx^4}$ können entweder aus den Integralen in den Gl. 51 und 45 durch Zeichenwechsel oder auch unmittelbar durch Rechnung gefunden werden.

§. 14.

Integration von $\frac{dx}{\pm a \pm bx^3}$.

I. Setzt man zur Erleichterung der Rechnung

$$\alpha = \sqrt[3]{a}\,; \quad \alpha^3 = a\,, \tag{1}$$

$$\beta = \sqrt[3]{b}\,; \quad \beta^3 = b\,, \tag{2}$$

so ist die Fundamentalgleichung:

$$\frac{dx}{a + bx^3} = \frac{dx}{\alpha^3 + \beta^3 x^3} = \frac{dx}{\omega} = dy\,. \tag{3}$$

Zerlegt man nun, wie in den früheren Fällen, den Nenner des Differentials in Faktoren, so ist:

$$\pi = \alpha + \beta x\,, \tag{4}$$

$$\pi^2 = \alpha^2 + 2\alpha\beta x + \beta^2 x^2, \tag{5}$$

$$\varrho = \alpha^2 - \alpha\beta x + \beta^2 x^2, \tag{6}$$

$$\frac{\pi^2 - \varrho}{x} = 3\alpha\beta, \tag{7}$$

$$\pi\varrho = \alpha^3 + \beta^3 x = \omega. \tag{8}$$

Führt man nun mit Rücksicht auf die Gl. 7 Variable und Konstanten ein, so ist:

$$\frac{(\pi^2 - \varrho)\,dx}{x\pi\varrho} = 3\alpha\beta\, dy\,, \tag{9}$$

oder, da $\pi = \alpha + \beta x$ ist:

$$\frac{\alpha\, dx}{x\varrho} + \frac{\beta\, dx}{\varrho} - \frac{dx}{x\pi} = 3\alpha\beta\, dy\,. \tag{10}$$

Nun ist aber zufolge §. 21, Gl. 24, 10:

$$Ds\,\frac{\alpha\, dx}{x\varrho} = \alpha\, Ds\,\frac{dx}{x\varrho} = \alpha\, Ds\,\frac{dx}{x(\alpha^2 - \alpha\beta x + \beta^2 x^2)} = \frac{1}{\alpha}\log\frac{\bar{x}}{\sqrt{\varrho}} + \frac{\beta}{2} Ds\,\frac{dx}{\varrho}\cdot \tag{11}$$

$$Ds\,\frac{\beta\, dx}{\varrho} = \beta\, Ds\,\frac{dx}{\varrho}\cdot \tag{12}$$

$$Ds - \frac{dx}{x\pi} = -\, Ds\,\frac{dx}{x(\alpha + \beta x)} = -\frac{1}{\alpha}\log\frac{\bar{x}}{\bar{\pi}}\cdot \tag{13}$$

Substituiert man die Differentialsummen aus den Gl. 11—13 in die Gl. 10, so ergiebt sich nach einigen leichten Reductionen:

$$\frac{1}{\alpha}\log\frac{\bar{\pi}}{\sqrt{\varrho}} + \frac{3\beta}{2}\, Ds\,\frac{dx}{\varrho} = Ds\, 3\alpha\beta\, dy\,, \tag{14}$$

und wenn man dy von den Konstanten befreit

$$\frac{1}{3\alpha^2\beta}\log\frac{\bar{\pi}}{\sqrt{\varrho}} + \frac{1}{2\alpha} Ds\,\frac{dx}{\varrho} = Ds\, dy\,, \tag{15}$$

welcher Gleichung man auch folgende Gestalt geben kann:

$$\frac{1}{3\alpha^2\beta}\left[\log\frac{\pi}{\sqrt{\varrho}}+\frac{3\alpha\beta}{2}Ds\frac{x}{\varrho}\right]=Ds\,dy. \qquad 16)$$

In algebraischer imaginärer Form kann diese Gleichung leicht integriert werden, wenn man in derselben für $Ds\frac{dx}{\varrho}$ den Wert aus §. 12, Gl. 16 substituiert. In reeller endlicher Form ist dagegen, weil $\frac{dx}{\varrho}$ zu den im §. 12, Abs. III—V behandelten Differentialen gehört, die Integration nur in der Weise möglich, dass man für $Ds\frac{dx}{\varrho}$ das in §. 12, Gl. 15 enthaltene Kreisbogenintegral substituiert. Es ist dann:

$$\frac{1}{3\alpha^2\beta}\left[\log\frac{\pi}{\sqrt{\varrho}}+\sqrt{3}\arctan\left(\frac{2\beta\bar{x}}{\sqrt{3}\alpha}-\frac{1}{\sqrt{3}}\right)\right]=Ds\frac{dx}{\alpha^3+\beta^3x^3}. \qquad 17)$$

Setzt man, wie üblich, $\frac{\alpha}{\beta}=k$ und ersetzt man überall mittelst der geeigneten Operationen α und β durch k, so erlangt das vorstehende Integral die Form, in welcher es häufig vorkommt, nämlich:

$$\frac{k}{3a}\left[\log\frac{k+\bar{x}}{\sqrt{k^2-k\bar{x}+\bar{x}^2}}+\sqrt{3}\arctan\frac{2\bar{x}-k}{\sqrt{3}k}\right]=Ds\frac{dx}{a+bx^3}. \qquad 18)$$

II. Zur Integration von $\frac{dx}{-a+bx^3}$ setze man unter Festhaltung der Abkürzung in Gl. 1 und 2:

$$\omega=-\alpha^3+\beta^3x^3, \qquad 19)$$

$$\pi=\alpha^2+\alpha\beta x+\beta^2x^2, \qquad 20)$$

$$\varrho=-\alpha+\beta x, \qquad 21)$$

$$\varrho^2=\alpha^2-2\alpha\beta x+\beta^2x^2, \qquad 22)$$

$$\frac{\pi-\varrho^2}{x}=3\alpha\beta, \qquad 23)$$

$$\pi\varrho=\omega, \qquad 24)$$

und es ergiebt sich durch Einführung von Variablen und Konstanten (Gl. 23):

$$\frac{dx}{x\varrho}+\frac{\alpha\,dx}{x\pi}-\frac{\beta\,dx}{\pi}=3\alpha\beta\,dy. \qquad 25)$$

Nun ist aber zufolge §. 21, Gl. 10, 20 (unten S. 47):

$$Ds\frac{dx}{x\varrho}=Ds\frac{dx}{x(-\alpha+\beta x)}=-\frac{1}{\alpha}\log\frac{\bar{x}}{\varrho}. \qquad 26)$$

$$Ds\frac{\alpha\,dx}{x\pi}=\alpha\,Ds\frac{dx}{x(\alpha^2+\alpha\beta x+\beta^2x^2)}=\frac{1}{2\alpha}\log\frac{\bar{x}^2}{\pi}-\frac{\beta}{2}Ds\frac{dx}{\pi}. \qquad 27)$$

$$Ds-\frac{\beta\,dx}{\pi}=-\beta\,Ds\frac{dx}{\pi}. \qquad 28)$$

Substituiert man die Differentialsummen aus den Gl. 26—28 in die Gl. 25, ferner den Wert von $Ds\,\frac{dx}{\pi}$ aus §. 12, Gl. 13 und befreit man endlich dy von den Konstanten, so ergeben sich folgende zwei Gleichungen:

$$\frac{1}{3\alpha^2\beta}\log\frac{\varrho}{\sqrt{\pi}} - \frac{1}{\sqrt{3}\,\alpha^2\beta}\operatorname{arctan}\left(\frac{2\beta x}{\sqrt{3}\,\alpha}+\frac{1}{\sqrt{3}}\right) = Ds\,\frac{dx}{-\alpha^3+\beta^3x^3}. \qquad 29)$$

$$\frac{1}{3\alpha^2\beta}\left[\log\frac{\varrho}{\sqrt{\pi}} - \sqrt{3}\operatorname{arctan}\left(\frac{2\beta x}{\sqrt{3}\,\alpha}+\frac{1}{\sqrt{3}}\right)\right] = Ds\,\frac{dx}{-\alpha^3+\beta^3x^3}. \qquad 30)$$

III. Setzt man zur Integration von $\frac{dx}{a-bx^3}$ unter Festhaltung der Abkürzung in den Gl. 1 und 2:

$$\omega = \alpha^3 - \beta^3x^3, \qquad 31)$$

$$\pi = \alpha^2 + \alpha\beta x + \beta^2x^2, \qquad 32)$$

$$\varrho = \alpha - \beta x, \qquad 33)$$

$$\varrho^2 = \alpha^2 - 2\alpha\beta x + \beta^2x^2, \qquad 34)$$

$$\frac{\pi-\varrho^2}{x} = 3\alpha\beta, \qquad 35)$$

$$\pi\varrho = \omega = \alpha^3 - \beta^3x^3, \qquad 36)$$

so ergiebt sich nach ganz ähnlichen Rechnungen wie sub II folgende Gleichung:

$$\frac{1}{3\alpha^2\beta}\log\frac{\sqrt{\pi}}{\varrho} + \frac{1}{\sqrt{3}\,\alpha^2\beta}\operatorname{arctan}\left(\frac{2\beta x}{\sqrt{3}\,\alpha}+\frac{1}{\sqrt{3}}\right) =$$

$$= \frac{1}{3\alpha^2\beta}\left[\log\frac{\sqrt{\pi}}{\varrho} + \sqrt{3}\operatorname{arctan}\left(\frac{2\beta x}{\sqrt{3}\,\alpha}+\frac{1}{\sqrt{3}}\right)\right] = Ds\,\frac{dx}{\alpha^3-\beta^3x^3}. \qquad 37)$$

Es ist leicht ersichtlich, dass diese Gleichung mit Rücksicht auf die Relation:

$$Ds\,\frac{dx}{\alpha^3-\beta^3x^3} = -\,Ds\,\frac{dy}{-\alpha^3+\beta^3x^3} \qquad 38)$$

auch durch Zeichenwechsel aus den Gl. 29 und 30 gewonnen werden kann, wobei zu bemerken ist, dass $d\log(-\alpha+\beta x) = d\log(\alpha-\beta x)$ ist.

§. 15.

Integration von $\frac{dx}{\pm a \pm bx^4}$.

I. Setzt man zur Erleichterung der Rechnung

$$\alpha = \sqrt[4]{a}; \quad a = \alpha^4, \qquad 1)$$

$$\beta = \sqrt[4]{b}; \quad b = \beta^4, \qquad 2)$$

so ist die Fundamentalgleichung:

$$\frac{dx}{a+bx^4} = \frac{dx}{\alpha^4+\beta^4x^4} = \frac{dx}{\omega} = dy. \qquad 3)$$

Zerlegt man den Nenner des Differentials in Faktoren, so ist:

$$\pi = \alpha^2 + \sqrt{2}\,\alpha\beta x + \beta^2 x^2, \qquad 4)$$

$$\varrho = \alpha^2 - \sqrt{2}\,\alpha\beta x + \beta^2 x^2, \qquad 5)$$

$$\frac{\pi - \varrho}{x} = 2\sqrt{2}\,\alpha\beta, \qquad 6)$$

$$\pi\varrho = \omega = \alpha^4 + \beta^4 x^4. \qquad 7)$$

Führt man (Gl. 6) Variable und Konstanten ein, so nimmt die Gl. 3 folgende Gestalt an:

$$\frac{dx}{x\varrho} - \frac{dx}{x\pi} = 2\sqrt{2}\,\alpha\beta\,dy. \qquad 8)$$

Nun ist aber zufolge §. 21, Gl. 24, 20:

$$Ds\,\frac{dx}{x\varrho} = Ds\,\frac{dx}{x(\alpha^2 - \sqrt{2}\,\alpha\beta x + \beta^2 x^2)} = \frac{1}{2\alpha^2}\log\frac{\bar{x}^2}{\varrho} + \frac{\beta}{\sqrt{2}\,\alpha}\,Ds\,\frac{dx}{\varrho}. \qquad 9)$$

$$Ds - \frac{d}{x\pi} = -Ds\,\frac{dx}{x(\alpha^2 + \sqrt{2}\,\alpha\beta x + \beta^2 x^2)} = -\frac{1}{2\alpha^2}\log\frac{\bar{x}^2}{\pi} + \frac{\beta}{\sqrt{2}\,\alpha}\,Ds\,\frac{dx}{\pi}. \qquad 10)$$

Substituiert man die Differentialsummen aus den Gl. 9 und 10 in die Gl. 8, so ist:

$$\frac{1}{2\alpha^2}\log\frac{\pi}{\varrho} + \frac{\beta}{\sqrt{2}\,\alpha}\left[Ds\,\frac{dx}{\pi} + Ds\,\frac{dx}{\varrho}\right] = Ds\,2\sqrt{2}\,\alpha\beta\,dy. \qquad 11)$$

Setzt man endlich an die Stelle von $Ds\,\frac{dx}{\pi} + Ds\,\frac{dx}{\varrho}$ den in §. 12, Gl. 24 angegebenen Wert, so ist:

$$\frac{1}{2\alpha^2}\log\frac{\pi}{\varrho} + \frac{1}{\alpha^2}\arctan\frac{\sqrt{2}\,\alpha\beta\bar{x}}{\alpha^2 - \beta^2\bar{x}^2} = 2\sqrt{2}\,\alpha\beta\,Ds\,dy, \qquad 12)$$

und wenn man dy von den Konstanten befreit:

$$\frac{1}{4\sqrt{2}\,\alpha^3\beta}\left[\log\frac{\pi}{\varrho} + 2\arctan\frac{\sqrt{2}\,\alpha\beta\bar{x}}{\alpha^2 - \beta^2\bar{x}^2}\right] = Ds\,\frac{dx}{\alpha^4 + \beta^4 x^4}. \qquad 13)$$

Setzt man $\frac{\alpha}{\beta} = k$ und ersetzt man überall mittelst der geeigneten Operationen α und β durch k, so erhält das vorstehende Integral seine in den Integraltafeln übliche Form.

II. Setzt man zur Integration von $\frac{dx}{-a + bx^4} = \frac{dx}{-\alpha^4 + \beta^4 x^4}$ unter Festhaltung der Abkürzungen in Gl. 1 und 2:

$$\omega = -\alpha^4 + \beta^4 x^4, \qquad 14)$$

$$\pi = \alpha^2 + \beta^2 x^2, \qquad 15)$$

$$\varrho = -\alpha^2 + \beta^2 x^2, \qquad 16)$$

$$\pi - \varrho = 2\alpha^2, \qquad 17)$$

$$\pi\varrho = \omega = -\alpha^4 + \beta^4 x^4, \qquad 18)$$

so ergiebt sich nach Einführung von Variablen und Konstanten (Gl. 17):

$$\frac{dx}{\varrho} - \frac{dx}{\pi} = 2\alpha^2 \, dy. \tag{19}$$

Nun ist aber zufolge §. 9, Gl. 13 und §. 8, Gl. 6 (vgl. Gl. 11):

$$Ds \frac{dx}{\varrho} = Ds \frac{dx}{-\alpha^2 + \beta^2 x^2} = \frac{1}{2\alpha\beta} \log \frac{-\alpha + \beta \bar{x}}{\alpha + \beta \bar{x}}. \tag{20}$$

$$Ds - \frac{dx}{\pi} = - Ds \frac{dx}{\alpha^2 + \beta^2 x^2} = - \frac{1}{\alpha\beta} \arctan \frac{\beta \bar{x}}{\alpha}. \tag{21}$$

Substituiert man die Differentialsummen aus den Gl. 20 und 21 in die Gl. 19 und befreit man sodann dy von den Konstanten, so ist:

$$\frac{1}{4\alpha^3\beta}\left[\log \frac{-\alpha + \beta\bar{x}}{\alpha + \beta\bar{x}} - 2 \arctan \frac{\beta\bar{x}}{\alpha}\right] = Ds \frac{dx}{-\alpha^4 + \beta^4 x^4}. \tag{22}$$

III. Setzt man zur Integration von $\frac{dx}{a - bx^4} = \frac{dx}{\alpha^4 - \beta^4 x^4}$:

$$\omega = \alpha^4 - \beta^4 x^4, \tag{23}$$

$$\pi = \alpha^2 + \beta^2 x^2, \tag{24}$$

$$\varrho = \alpha^2 - \beta^2 x^2, \tag{25}$$

$$\pi + \varrho = 2\alpha^2, \tag{26}$$

$$\pi\varrho = \omega = \alpha^4 - \beta^4 x^4, \tag{27}$$

so ergiebt sich nach Einführung von Variablen und Konstanten (Gl. 26)

$$\frac{dx}{\pi} + \frac{dx}{\varrho} = 2\alpha^2 \, dy. \tag{28}$$

Nun ist aber zufolge §. 8, Gl. 6 und §. 9, Gl. 8

$$Ds \frac{dx}{\pi} = Ds \frac{dx}{\alpha^2 + \beta^2 x^2} = \frac{1}{\alpha\beta} \arctan \frac{\beta\bar{x}}{\alpha}. \tag{29}$$

$$Ds \frac{dx}{\varrho} = Ds \frac{dx}{\alpha^2 - \beta^2 x^2} = \frac{1}{2\alpha\beta} \log \frac{\alpha + \beta\bar{x}}{\alpha - \beta\bar{x}}. \tag{30}$$

Substituiert man die Differentialsummen aus den Gl. 29 und 30 in die Gl. 28 und befreit man dy von den Konstanten, so ist:

$$\frac{1}{4\alpha^3\beta}\left[\log \frac{\alpha + \beta\bar{x}}{\alpha - \beta\bar{x}} + 2 \arctan \frac{\beta\bar{x}}{\alpha}\right] = Ds \frac{dx}{\alpha^4 - \beta^4 x^4}. \tag{31}$$

Es ist leicht ersichtlich, dass dieses Integral jenem in der Gl. 22 nach erfolgtem Zeichenwechsel entspricht. Auch können die beiden Gleichungen 22 und 31 dadurch, dass man $\frac{\alpha}{\beta} = k$ setzt, auf ihre übliche Form gebracht werden.

IV. Schliesslich mag noch bemerkt werden, dass auch alle übrigen Differentiale von der Form $\frac{dx}{a + bx^n}$ sich durch Zerlegung in Faktoren und durch Einführung von Variablen und Konstanten integrieren lassen. So ist z. B., wenn das Integral von $\frac{dx}{\alpha^5 + \beta^5 x^5}$ zu ermitteln ist:

$$\omega = \alpha^5 + \beta^5 x^5, \tag{32}$$

$$\pi = \alpha + \beta x, \tag{33}$$

$$\pi^2 = \alpha^2 + 2\alpha\beta x + \beta^2 x^2, \tag{34}$$

$$\varrho = \alpha^2 - 2\alpha\beta x \cdot \cos\frac{\pi}{5} + \beta^2 x^2, \tag{35}$$

$$\tau = \alpha^2 - 2\alpha\beta x \cos\frac{3\pi}{5} + \beta^2 x^2, \tag{36}$$

$$\frac{2\pi^2 - \varrho - \tau}{x} = 2\alpha\beta\left(2 + \cos\frac{\pi}{5} + \cos\frac{3\pi}{5}\right), \tag{37}$$

$$\pi\varrho\tau = \omega = \alpha^5 + \beta^5 x^5, \tag{38}$$

und durch diese Gleichungen kann das obige Integral mittelst mehrmaliger Einführung von Variablen und Konstanten leicht gefunden werden. Doch würde die Darstellung dieser ziemlich verwickelten Rechnung hier zu weit führen.

§. 16.

Integration von $\frac{dx}{\omega^p}$.

I. In der vorstehenden Formel $\frac{dx}{\omega^p}$ bedeutet p eine ganze positive Zahl, ω jedes Binom, Trinom oder Polynom von der Form $a + bx + cx^2 + \cdots$, wenn dieses in integrable Faktoren, welche die Anwendung der Methode der Einführung von Variablen und Konstanten gestatten, zerlegt werden kann, ohne Rücksicht, ob die Faktoren reell oder imaginär sind. Ich beschränke mich hier auf jene Fälle, wo der Nenner des Differentials blos in zwei Faktoren zerfällt; übrigens ist leicht ersichtlich, dass die hier entwickelten Integrationsmethoden mit geringen Abweichungen auch auf jene Differentiale angewendet werden können, welche (s. z. B. §. 15, Gl. 32—38) in drei oder mehrere Faktoren zerfallen.

Bezeichnen wir diese beiden Faktoren wie bisher mit π und ϱ, so ist:

$$\pi\varrho = \lambda\omega, \quad \omega = \frac{\pi\varrho}{\lambda}, \tag{1}$$

$$\pi \pm \varrho = \mu, \tag{2}$$

$$\pi^p\varrho^p = \lambda^p\omega^p; \quad \omega^p = \frac{\pi^p\varrho^p}{\lambda^p}, \tag{3}$$

$$(\pi \pm \varrho)^p = \mu^p. \tag{4}$$

Man kann nun mit Rücksicht auf die Gl. 3 an die Stelle der Fundamentalgleichung:

$$\frac{dx}{\omega^p} = dy \tag{5}$$

die entsprechende Gleichung:

$$\frac{\lambda^p\,dx}{\pi^p\,\varrho^p} = dy \tag{6}$$

setzen.

Führt man nun mit Rücksicht auf die Gl. 4 Variable und Konstanten ein, so ergiebt sich:

$$\frac{\lambda^p\,(\pi \pm \varrho)^p\,dx}{\pi^p\,\varrho^p} = \mu^p\,dy \tag{7}$$

oder

$$\left(\frac{\lambda}{\mu}\right)^p Ds\,\frac{(\pi \pm \varrho)^p\,dx}{\pi^p\,\varrho^p} = Ds\,dy. \tag{8}$$

Häufig hat die Gleichung zwischen den Variablen und Konstanten einen komplizierteren Charakter als in der Gl. 2 vorausgesetzt wird. So haben wir z. B. oben §. 14, Gl. 7 (S. 26) gesehen, dass $\frac{\pi^2 - \varrho}{x} = 3\alpha\beta = \mu$ ist. Um die Gl. 8 allgemein brauchbar zu machen, muss man ihr deshalb folgende Gestalt geben:

$$\left(\frac{\lambda}{\mu}\right)^p Ds\,\frac{[f(\pi, \varrho)]^p\,dx}{\pi^p\,\varrho^p} = Ds\,\frac{dx}{\omega^p}. \tag{9}$$

II. Durch diese einfache Formel können alle oben (S. 31) bezeichneten Differentiale von der Form $\frac{dx}{\omega^p}$ integriert werden. Ist z. B. die Gleichung

$$\frac{dx}{(a + bx^2)^2} = dy \tag{10}$$

zu integrieren, so setzt man (§. 6, Gl. 2—5):

$$\omega = a + bx^2, \tag{11}$$

$$\pi = \sqrt{a} + \sqrt{-b}\,x, \tag{12}$$

$$\varrho = \sqrt{a} - \sqrt{-b}\,x, \tag{13}$$

$$\pi + \varrho = \mu = 2\sqrt{a}, \tag{14}$$

$$(\pi + \varrho)^2 = \mu^2 = 4a, \tag{15}$$

$$\pi\varrho = \omega;\ \lambda = 1, \tag{16}$$

und es ist folglich mit Rücksicht auf Gl. 8

$$\frac{1}{4a}\,Ds\left[\frac{dx}{\varrho^2} + \frac{2\,dx}{\pi\varrho} + \frac{dx}{\pi^2}\right] = Ds\,\frac{dx}{(a + bx^2)^2}. \tag{17}$$

Nun ist aber

$$Ds\,\frac{dx}{\pi^2} + Ds\,\frac{dx}{\varrho^2} = -\frac{1}{\sqrt{-b}(\sqrt{a}+\sqrt{-b}\,\bar{x})} + \frac{1}{\sqrt{-b}(\sqrt{a}-\sqrt{-b}\,\bar{x})} = \frac{2\bar{x}}{a+b\bar{x}^2}, \tag{18}$$

$$Ds\,\frac{2\,dx}{\pi\varrho} = 2\,Ds\,\frac{dx}{\omega}, \tag{19}$$

folglich, wenn man die Differentialsummen aus den Gl. 18 und 19 in die Gl. 17 substituiert,

$$\frac{\bar{x}}{2\,a\bar{\omega}} + \frac{1}{2\,a}\,Ds\,\frac{dx}{\omega} = Ds\,\frac{dx}{\omega^2} = Ds\,\frac{dx}{(a+bx^2)^2}. \tag{20}$$

III. Ist die Gleichung

$$\frac{dx}{(a+bx+cx^2)^2} = dy \tag{21}$$

zu integrieren, so setze man zufolge §. 10, Gl. 1—10 (S. 13):

$$\omega = a + bx + cx^2, \tag{22}$$

$$\pi = b + \sqrt{\delta} + 2cx, \tag{23}$$

$$\varrho = b - \sqrt{\delta} + 2cx, \tag{24}$$

$$\pi - \varrho = 2\sqrt{\delta}, \tag{25}$$

$$\pi\varrho = 4c\omega;\quad \omega = \frac{\pi\varrho}{4c}, \tag{26}$$

folglich ist dann:

$$\lambda^2 = 16c^2;\quad \mu^2 = (\pi - \varrho)^2 = 4\delta. \tag{27}$$

Substituiert man diese Werte in die Gl. 8, so ist:

$$Ds\,\frac{dx}{(a+bx+cx^2)^2} = \frac{4c^2}{\delta}\,Ds\,\frac{(\pi-\varrho)^2dx}{\pi^2\varrho^2} = \frac{4c^2}{\delta}\,Ds\left[\frac{dx}{\varrho^2} - \frac{2\,dx}{\pi\varrho} + \frac{dx}{\pi^2}\right]. \tag{28}$$

Nun ist aber

$$Ds\,\frac{dx}{\varrho^2} + Ds\,\frac{dx}{\pi^2} = -\frac{1}{2c\bar{\varrho}} - \frac{1}{2c\bar{\pi}} = -\frac{b+2c\bar{x}}{4c^2\bar{\omega}}, \tag{29}$$

$$Ds - \frac{2\,dx}{\pi\varrho} = (\text{Gl. } 26) - \frac{1}{2c}\,Ds\,\frac{dx}{\omega}, \tag{30}$$

folglich, wenn man die beiden Differentialsummen aus den Gl. 29 und 30 in den letzten Ausdruck der Gl. 28 substituiert:

$$-\frac{b+2c\bar{x}}{\delta\bar{\omega}} - \frac{2c}{\delta}\,Ds\,\frac{dx}{\omega} = Ds\,\frac{dx}{(a+bx+cx^2)^2}. \tag{31}$$ [1]

IV. Ist die Gleichung:

$$\frac{dx}{(a+bx+cx^2)^3} = dy \tag{32}$$

zu integrieren, so ist (Gl. 25, 26)

$$\lambda^3 = 64c^3;\quad \mu^3 = 8\delta\sqrt{\delta}, \tag{33}$$

1) Setzt man, wie in den meisten Integraltafeln, an die Stelle von $\delta = b^2 - 4ac$ den Ausdruck $\Delta = 4ac - b^2$ (§. 10, Gl. 1 und 2), so werden die Zeichen in dem obigen Integral positiv. Eine gleiche Umwandlung des Zeichens tritt auch bei dem Integral in der Gl. 41 in betreff jener Glieder ein, welche δ in erster Potenz enthalten, während die Glieder mit δ^2 dasselbe Zeichen behalten, weil $\delta^2 = \Delta^2$ ist.

folglich mit Rücksicht auf Gl. 8

$$Ds\,\frac{dx}{(a+bx+cx^2)^3} = \frac{8c^3}{\delta\sqrt{\delta}}\,Ds\left[\frac{dx}{\varrho^3} - \frac{3\,dx}{\pi\varrho^2} + \frac{3\,dx}{\pi^2\varrho} - \frac{dx}{\pi^3}\right]. \qquad 34)$$

Nun ist aber zunächst:

$$Ds\,\frac{dx}{\varrho^3} - Ds\,\frac{dx}{\pi^3} = -\,\frac{1}{4c\bar{\varrho}^2} + \frac{1}{4c\bar{\pi}^2} = -\,\frac{\sqrt{\delta}\,(b+2c\bar{x})}{16c^3\bar{\omega}^2}. \qquad 35)$$

Dagegen lassen sich die Differentiale $-\frac{3\,dx}{\pi\varrho^2} + \frac{3\,dx}{\pi^2\varrho}$ nur durch wiederholte Einführung von Variablen und Konstanten integrieren. Setzt man zu diesem Zweck zuvörderst:

$$-\,\frac{3\,dx}{\pi\varrho^2} = dz, \qquad 36)$$

so ergeben sich mit Rücksicht auf die Gl. 25 und 26 folgende Relationen:

$$-\,\frac{3\,(\pi-\varrho)\,dx}{\pi\varrho^2} = 2\sqrt{\delta}\,dz. \qquad 37)$$

$$-\,\frac{3\,dx}{\varrho^2} + \frac{3\,dx}{4\,c\,\omega} = 2\sqrt{\delta}\,dz. \qquad 38)$$

$$-\,\frac{3}{2\sqrt{\delta}}\,Ds\,\frac{dx}{\varrho^2} + \frac{3}{8c\sqrt{\delta}}\,Ds\,\frac{dx}{\omega} = Ds\,dz = Ds\,-\,\frac{3\,dx}{\pi\varrho^2}. \qquad 39)$$

Ebenso ergiebt sich nach ganz analogen Rechnungen:

$$-\,\frac{3}{2\sqrt{\delta}}\,Ds\,\frac{dx}{\pi^2} + \frac{3}{8c\sqrt{\delta}}\,Ds\,\frac{dx}{\omega} = Ds\,\frac{3\,dx}{\pi^2\varrho}. \qquad 40)$$

Substituiert man die Differentialsummen aus den Gl. 35, 39, 40 in die Gl. 34, so ergiebt sich, wenn man für $Ds\,\frac{dx}{\pi^2} + Ds\,\frac{dx}{\varrho^2}$ den Wert aus der Gl. 29 nimmt:

$$Ds\,\frac{dx}{(a+bx+cx^2)^3} = -\,\frac{b+2c\bar{x}}{2\delta\bar{\omega}^2} + \frac{3c(b+2c\bar{x})}{\delta^2\bar{\omega}} + \frac{6c^2}{\delta^2}\,Ds\,\frac{dx}{\omega}. \qquad 41)$$

Einige leichte Reductionen geben dieses Integral in seiner gewöhnlichen Gestalt (s. S. 33, Note).

§. 17.

Integration von $\frac{dx}{(a \pm bx^n)^p}$.

I. Die im §. 16 entwickelte Formel für $Ds\,\frac{dx}{\omega^p}$ ist zwar unter den dort angegebenen Voraussetzungen allgemein anwendbar, ihre Benutzung ist aber wegen der Weitläufigkeit der Rechnungen dann weniger bequem, wenn die Gleichung zwischen den Variablen und Konstanten (§. 16, Gl. 2, 4) zu verwickelteren Ausdrücken führt (z. B. §. 14, Gl. 7).

In diesem Falle können mit Vorteil einige spezielle Formeln gebraucht werden, die sich der Natur der einzelnen Differentiale näher anschliessen und von welchen daher die wichtigsten noch zu erwähnen sind.

Es sei zuvörderst die Gleichung:

$$\frac{dx}{(a \pm bx^n)^p} = \frac{dx}{\omega^p} = dy \tag{1}$$

zu integrieren.

Zu diesem Zweck sind vor allem beiderseits Konstanten einzuführen (s. oben §. 2), indem man die Gl. 1 mit $n(p-1)$ multipliziert, also:

$$\frac{n(p-1)\,dx}{\omega^p} = n(p-1)\,dy. \tag{2}$$

Sodann führt man mit Rücksicht auf die Gleichung:

$$\omega \mp bx^n = a \tag{3}$$

Variable und Konstanten ein, so dass die Gl. 2 folgende Gestalt annimmt:

$$\frac{n(p-1)(\omega \mp bx^n)\,dx}{\omega^p} = n(p-1)\,a\,dy \tag{4}$$

oder

$$\frac{n(p-1)\,dx}{\omega^{p-1}} \mp \frac{n(p-1)\,bx^n\,dx}{\omega^p} = n(p-1)\,a\,dy. \tag{5}$$

Nun teile man das erste Differential in zwei Ausdrücke, so dass ist:

$$\frac{dx}{\omega^{p-1}} + \frac{(np-n-1)\,dx}{\omega^{p-1}} = \frac{n(p-1)\,dx}{\omega^{p-1}}. \tag{6}$$

Substituiert man den Wert aus der Gl. 6 in die Gl. 5 und nimmt man beiderseits die Differentialsumme, so kann die Gl. 5 auch so geschrieben werden:

$$Ds\left[\frac{dx}{\omega^{p-1}} \mp \frac{n(p-1)\,bx^n\,dx}{\omega^p}\right] + Ds\,\frac{(np-n-1)\,dx}{\omega^{p-1}} = Ds\,n(p-1)\,a\,dy. \tag{7}$$

Zieht man endlich aus der ersten Differentialsumme links $\frac{x}{\omega^{p-1}}$ heraus und befreit man dy von den Konstanten, so ergiebt sich folgende Formel:

$$\frac{1}{an(p-1)}\,Ds\,\frac{x}{\omega^{p-1}}\left[\frac{dx}{x} \mp \frac{n(p-1)\,bx^{n-1}\,dx}{\omega}\right] + \frac{np-n-1}{an(p-1)}\,Ds\,\frac{dx}{\omega^{p-1}} =$$

$$= Ds\,\frac{dx}{(a \pm bx^n)^p}. \tag{8}$$

Nach dieser Formel kann das vorstehende Integral, wenn n und p ganze positive Zahlen sind, leicht integriert werden.

II. Soll z. B. die Gleichung

$$\frac{dx}{(a+bx^3)^2} = dy$$

integriert werden, so ist mit Rücksicht auf die Gl. 2—4 zunächst links mit $3(\omega - bx^3)$, rechts mit $3a$ zu multiplizieren, also:

$$\frac{3(\omega - bx^3)\,dx}{\omega^2} = \frac{3\,dx}{\omega} - \frac{3bx^3dx}{\omega^2} = 3\,a\,dy. \qquad 10)$$

Teilt man nunmehr das Differential $\frac{3\,dx}{\omega}$ im zweiten Ausdruck zufolge der Gl. 6 in $\frac{dx}{\omega}$ und $\frac{2\,dx}{\omega}$, so nimmt die vorstehende Gleichung folgende Gestalt an:

$$Ds\left[\frac{dx}{\omega} - \frac{3bx^3dx}{\omega^2}\right] + Ds\,\frac{2\,dx}{\omega} = Ds\,3a\,dy. \qquad 11)$$

Zieht man nun aus dem ersten Differential mit Rücksicht auf die Gl. 8 $\frac{x}{\omega}$ heraus, so ist:

$$Ds\,\frac{x}{\omega}\left[\frac{dx}{x} - \frac{3bx^2dx}{\omega}\right] + 2\,Ds\,\frac{dx}{\omega} = Ds\,3a\,dy. \qquad 12)$$

Nun ist aber, wenn man ganz analoge Operationen vornimmt, wie jene, die in den „Neuen Integrationsmethoden" S. 47—49 entwickelt sind:

$$Ds\,\frac{x}{\omega}\left[\frac{dx}{x} - \frac{3bx^2dx}{\omega}\right] = \frac{x}{\omega}\cdot\frac{1+\frac{dx}{x}}{1+\frac{3bx^2dx}{\omega}} = \frac{x+dx}{\omega + 3bx^2dx} = \frac{\bar{x}}{\bar{\omega}}. \qquad 13)$$

Substituiert man den letzten Wert der vorstehenden Gleichung in die Gl. 12 und befreit man sodann dy von den Konstanten, so ist:

$$\frac{\bar{x}}{3a\bar{\omega}} + \frac{2}{3a}\,Ds\,\frac{dx}{\omega} = Ds\,\frac{dx}{(a+bx^3)^2}. \qquad 14)$$

III. Ich habe sub II die Integration in der Weise durchgeführt, dass ich die in den Gl. 1—8 angedeuteten Umgestaltungen mit dem zu integrierenden Differential wirklich vornahm. Die Integration kann aber auch so erfolgen, dass man in der Formel der Gl. 8 unmittelbar die erforderlichen Substitutionen vollzieht. Zu diesem Zwecke werde ich die erste und zweite Differentialsumme der Gl. 8 abgekürzt mit $D's$ und $D''s$ u. s. f. bezeichnen. Dieselbe Abkürzung soll auch in den späteren Fällen benutzt werden.

Ist also z. B. die Gleichung:

$$\frac{dx}{(a+bx^3)^3} = \frac{dx}{\omega^3} = dy \qquad 15)$$

zu integrieren, so ist mit Rücksicht auf die Gl. 8 und 13:

$$\frac{1}{an(p-1)}D's = \frac{1}{6a}\,Ds\,\frac{x}{\omega^2}\left[\frac{dx}{x} - \frac{6bx^2dx}{\omega}\right] = \frac{1}{6a}\cdot\frac{x}{\omega^2}\cdot\frac{1+\frac{dx}{x}}{1+\frac{2\,.\,3bx^2dx}{\omega}} =$$

$$= \frac{1}{6a}\cdot\frac{x+dx}{\omega^2 + 2\,.\,3b\,x^2\,\omega\,dx} = \frac{x+dx}{6a(\omega+3bx^2dx)^2} = \frac{x+dx}{6a(\omega+d\omega)^2} = \frac{\bar{x}}{6a\bar{\omega}^2}. \qquad 16)$$

$$\frac{np-n-1}{an(p-1)}D''s = \frac{5}{6a}Ds\frac{dx}{\omega^2} = (\text{Gl. } 14)\ \frac{5\bar{x}}{18a^2\bar{\omega}} + \frac{5}{9a^2}Ds\frac{dx}{\omega}. \qquad 17)$$

Substituiert man die Differentialsummen aus den Gl. 16 und 17 in die Gl. 8, so ist:

$$\frac{\bar{x}}{6a\bar{\omega}^2} + \frac{5\bar{x}}{18a^2\bar{\omega}} + \frac{5}{9a^2}Ds\frac{dx}{\omega} = Ds\frac{dx}{(a+bx^3)^3}. \qquad 18)$$

IV. Ist die Gleichung

$$\frac{dx}{(a+bx^4)^2} = dy \qquad 19)$$

zu integrieren, so ergeben sich mit Rücksicht auf die Gl. 8 folgende Relationen:

$$\frac{1}{an(p-1)}D's = \frac{1}{4a}Ds\frac{x}{\omega}\left[\frac{dx}{x} - \frac{4bx^3dx}{\omega}\right] = \frac{1}{4a}\cdot\frac{x+dx}{\omega+d\omega} = \frac{\bar{x}}{4a\bar{\omega}}. \qquad 20)$$

$$\frac{np-n-1}{an(p-1)}D''s = \frac{3}{4a}Ds\frac{dx}{\omega}. \qquad 21)$$

$$\frac{\bar{x}}{4a\bar{\omega}} + \frac{3}{4a}Ds\frac{dx}{\omega} = Ds\frac{dx}{(a+bx^4)^2}. \qquad 22)$$

Ich bemerke noch, dass die Richtigkeit der Integrationsformel in der Gl. 8 sich leicht dadurch ergiebt, dass man diese Formel durch einige naheliegende Reduktionen auf das ursprüngliche Differential $\frac{dx}{\omega^p}$ zurückführen kann. Dieselbe Reduktion kann man auch bei allen übrigen Integrationsformeln, die im Laufe dieser Abhandlung vorkommen, ohne Schwierigkeit durchführen.

§. 18.

Integration von $\frac{dx}{(a+bx+cx^2)^p}$.

I. An die im vorhergehenden Paragraphen gegebenen Entwicklungen schliesst sich enge die Integration der Gleichung:

$$\frac{dx}{(a+bx+cx^2)^p} = \frac{dx}{\omega^p} = dy \qquad 1)$$

an. Ich bezeichne in üblicher Weise:

$$\frac{d\omega}{dx} = \omega' = b + 2cx, \qquad 2)$$

$$\frac{d^2\omega}{dx^2} = \omega'' = 2c, \qquad 3)$$

$$2\omega\omega'' - \omega'^2 = 4ac - b^2 = \Delta. \qquad 4)$$

Um nun die Gl. 1 zu integrieren, führe man zunächst Konstanten ein, indem man beiderseits mit $p-1$ multipliziert, also:

$$\frac{(p-1)\,dx}{\omega^p} = (p-1)\,dy. \tag{5}$$

Sodann führt man mit Rücksicht auf die Gl. 4 Variable und Konstanten ein, wodurch die vorstehende Gleichung folgende Gestalt annimmt:

$$\frac{(p-1)(2\omega\omega'' - \omega'^2)\,dx}{\omega^p} = \Delta(p-1)\,dy \tag{6}$$

oder:

$$\frac{2(p-1)\,\omega''\,dx}{\omega^{p-1}} - \frac{(p-1)\,\omega'^2\,dx}{\omega^p} = \Delta(p-1)\,dy. \tag{7}$$

Teilt man nun das erste Differential eben so wie im §. 17, Gl. 6—7 und nimmt man dann die Differentialsumme, so ist:

$$Ds\left[\frac{\omega''\,dx}{\omega^{p-1}} - \frac{(p-1)\,\omega'^2\,dx}{\omega^p}\right] + Ds\,\frac{2c(2p-3)\,dx}{\omega^{p-1}} = Ds\,\Delta(p-1)\,dy. \tag{8}$$

Zieht man endlich aus der ersten Differentialsumme $\frac{\omega'}{\omega^{p-1}}$ heraus und befreit man dann dy von den Konstanten (vgl. §. 17, Gl. 8), so ist:

$$\frac{1}{\Delta(p-1)}\,Ds\,\frac{\omega'}{\omega^{p-1}}\left[\frac{\omega''\,dx}{\omega'} - \frac{(p-1)\,\omega'\,dx}{\omega}\right] + \frac{2c(2p-3)}{\Delta(p-1)}\,Ds\,\frac{dx}{\omega^{p-1}} =$$

$$= Ds\,\frac{dx}{(a+bx+cx^2)^p}. \tag{9}$$

II. Ist z. B. die Gleichung:

$$\frac{dx}{(a+bx+cx^2)^2} = \frac{dx}{\omega^2} = dy$$

zu integrieren, so sind, da $p-1$ in diesem Falle $=1$ ist, sofort mit Rücksicht auf die Gl. 4 und 6 Variable und Konstanten einzuführen, so dass sich folgende zwei Gleichungen ergeben:

$$\frac{(2\omega\omega'' - \omega'^2)\,dx}{\omega^2} = \Delta\,dy. \tag{11}$$

$$\frac{2\omega''\,dx}{\omega} - \frac{\omega'^2\,dx}{\omega^2} = \Delta\,dy. \tag{12}$$

Teilt man nun nach Anleitung der Gl. 8 das erste Differential, so ist:

$$Ds\left[\frac{\omega''\,dx}{\omega} - \frac{\omega'^2\,dx}{\omega^2}\right] + Ds\,\frac{\omega''\,dx}{\omega} = Ds\,\Delta\,dy, \tag{13}$$

und wenn man mit Rücksicht auf Gl. 9 aus der ersten Differentialsumme $\frac{\omega'}{\omega}$ extrahiert:

$$Ds\,\frac{\omega'}{\omega}\left[\frac{\omega''\,dx}{\omega'} - \frac{\omega'\,dx}{\omega}\right] + 2c\,Ds\,\frac{dx}{\omega} = Ds\,\Delta\,dy. \tag{14}$$

Nun ist aber, wenn man so wie in den „Neuen Integrationsmethoden“ S. 47—49 und wie oben im §. 17, Gl. 13 und 18 verfährt:

$$Ds\,\frac{\omega'}{\omega}\left[\frac{\omega''\,dx}{\omega'}-\frac{\omega'\,dx}{\omega}\right]=\frac{\omega'}{\omega}\cdot\frac{1+\frac{\omega''\,dx}{\omega'}}{1+\frac{\omega'\,dx}{\omega}}=\frac{\omega'+\omega''\,dx}{\omega+\omega'\,dx}=\frac{\bar\omega'}{\bar\omega}=\frac{b+2c\bar x}{\bar\omega}, \tag{15}$$

und wenn man den letzteren Ausdruck in die Gl. 14 substituiert und dann dy von der Konstante befreit:

$$\frac{b+2c\bar x}{\varDelta\bar\omega}+\frac{2c}{\varDelta}\,Ds\,\frac{dx}{\omega}=Ds\,\frac{dx}{(a+bx+cx^2)^2}\cdot \tag{16}$$

III. Ist die Gleichung:

$$\frac{dx}{(a+bx+cx^2)^3}=\frac{dx}{\omega^3}=dy \tag{17}$$

zu integrieren, und will man das Integral, ähnlich wie in §. 17, Abs. III unmittelbar aus der Integrationsformel ermitteln, so ist (Gl. 9):

$$\frac{1}{\varDelta(p-1)}\,D's=\frac{1}{2\varDelta}\,Ds\,\frac{\omega'}{\omega^2}\left[\frac{\omega''\,dx}{\omega'}-\frac{2\omega'\,dx}{\omega}\right]=\frac{1}{2\varDelta}\cdot\frac{\omega'}{\omega^2}\cdot\frac{1+\frac{\omega''\,dx}{\omega'}}{1+\frac{2\omega'\,dx}{\omega}}=$$

$$=\frac{1}{2\varDelta}\cdot\frac{\omega'+\omega''\,dx}{\omega^2+2\omega\omega'\,dx}=\frac{1}{2\varDelta}\cdot\frac{\omega'+\omega''\,dx}{(\omega+\omega'\,dx)^2}=\frac{\bar\omega'}{2\varDelta\bar\omega^2}\cdot \tag{18}$$

$$\frac{2c(2p-3)}{\varDelta(p-1)}\,D''s=\frac{3c}{\varDelta}\,Ds\,\frac{dx}{\omega^2}=(\text{Gl. }16)\,\frac{3c\bar\omega'}{\varDelta^2\bar\omega}+\frac{6c^2}{\varDelta^2}\,Ds\,\frac{dx}{\omega}\cdot \tag{19}$$

Substituiert man die Differentialsummen aus den Gl. 18 und 19 in die Gl. 9, so ist:

$$\frac{\bar\omega'}{2\varDelta\bar\omega^2}+\frac{3c\bar\omega'}{\varDelta^2\bar\omega}+\frac{6c^2}{\varDelta^2}\,Ds\,\frac{dx}{\omega}=Ds\,\frac{dx}{(a+bx+cx^2)^3}\cdot \tag{20}$$

Einige leichte Reduktionen geben diesem Integral seine gewöhnliche Gestalt.

§. 19.

Integration von $\frac{x^q\,dx}{\omega^p}$.

In der vorstehenden Formel bedeutet ω ein Binom, Trinom oder Polynom von der Form $a+bx+cx^2+\cdots gx^n$, auf welches die im Eingang des §. 16 enthaltenen Voraussetzungen Anwendung finden; p und q bedeuten ganze positive Zahlen; gx^n endlich jenes Glied von ω, welches die Variable x in der höchsten Potenz enthält.

Hier ist zu unterscheiden, ob $q \geqq n$ oder $q < n$ ist. Ist q gleich oder grösser als n, so können die betreffenden Integrale nach einer allgemeinen Formel gefunden werden, von welcher im folgenden Paragraphen die Rede sein wird. Gegenwärtig haben wir also nur den Fall ins Auge zu fassen, wo der Exponent von x im Zähler $(=q)$ kleiner als der höchste Exponent von x im Nenner $(=n)$ ist.

I. Ist q nur um eine Einheit kleiner als n, so kann x^q jederzeit aus dem Differentialquotienten von $\omega = \omega'$ ermittelt und die Integration dadurch ermöglicht werden, dass man den gefundenen Wert von x^q in das Differential substituiert. In einzelnen Fällen $\left(\text{z. B. bei } Ds\,\frac{x^3\,dx}{a + bx^2 + cx^4}\right)$ wird der Zähler des Differentials durch diese Operation nicht vollständig von der Variablen x befreit, diese erscheint aber dann in niedrigerem Grade, welcher die Integration möglich macht.

So ist z. B. für $\omega = a + bx^2$:

$$\omega' = 2bx;\quad x = \frac{\omega'}{2b}, \qquad 1)$$

und wenn man diesen Wert von x in die Gleichung

$$\frac{x\,dx}{a + bx^2} = dy \qquad 2)$$

substituiert und beiderseits die Differentialsummen nimmt, so ist (N. I., S. 37 ff.):

$$Ds\,\frac{x\,dx}{a + bx^2} = Ds\,\frac{\omega'\,dx}{2b\,\omega} = \frac{1}{2b}\,Ds\,\frac{\omega'\,dx}{\omega} = \frac{1}{2b}\log\bar{\omega}\,. \qquad 3)$$

Ebenso ist:

$$Ds\,\frac{x^2\,dx}{a + bx^3} = Ds\,\frac{\omega'\,dx}{3b\,\omega} = \frac{1}{3b}\log\bar{\omega}\,. \qquad 4)$$

III. Ist die Gleichung

$$\frac{x\,dx}{a + bx + cx^2} = dy \qquad 5)$$

zu integrieren, so ist:

$$\omega' = b + 2cx;\quad x = \frac{\omega' - b}{2c}, \qquad 6)$$

folglich ergeben sich, wenn man den Wert von x in die Gl. 5 substituiert, folgende Gleichungen:

$$\frac{(\omega' - b)\,dx}{2c\,\omega} = dy\,. \qquad 7)$$

$$\frac{1}{2c}\,Ds\,\frac{\omega'\,dx}{\omega} - \frac{b}{2c}\,Ds\,\frac{dx}{\omega} = Ds\,dy\,. \qquad 8)$$

$$\frac{1}{2c}\log\bar{\omega} - \frac{b}{2c}\,Ds\,\frac{dx}{\omega} = Ds\,\frac{x\,dx}{a + bx + cx^2}\,. \qquad 9)$$

Durch ganz analoge Rechnungen ergiebt sich:

$$\frac{1}{2c}\log\bar{\omega} + \frac{b}{2c}\,Ds\,\frac{dx}{\omega} = Ds\,\frac{x\,dx}{a - bx + cx^2}\,. \qquad 10)$$

Es wird sich übrigens weiter unten (Gl. 16—22) zeigen, dass die beiden vorstehenden Integrale (Gl. 9 und 10) in wesentlich abweichender Form auch dadurch gewonnen werden können, dass man x nicht aus dem Differentialquotienten von ω, sondern aus den Faktoren dieses Ausdrucks ermittelt.

IV. Ist die Gleichung:

$$\frac{x\,dx}{(a + bx + cx^2)^2} = dy \tag{11}$$

zu integrieren, so ist ähnlich wie in den Gl. 7 und 8:

$$\frac{1}{2c} Ds \frac{\omega' dx}{\omega^2} - \frac{b}{2c} Ds \frac{dx}{\omega^2} = Ds\, dy. \tag{12}$$

Nun ist aber zufolge N. Int.-Meth. S. 33, 34 und oben §. 16, Gl. 31, wenn man an die Stelle von $\delta = b^2 - 4ac$ den Ausdruck $\Delta = 4ac - b^2$ setzt und infolge dessen die Zeichen wechselt:

$$\frac{1}{2c} Ds \frac{\omega' dx}{\omega^2} = - \frac{1}{2c\bar{\omega}}. \tag{13}$$

$$- \frac{b}{2c} Ds \frac{dx}{\omega^2} = - \frac{b\bar{\omega}'}{2c\Delta\bar{\omega}} - \frac{b}{\Delta} Ds \frac{dx}{\omega}. \tag{14}$$

Substituiert man die Differentialsummen aus den Gl. 13 und 14 in die Gl. 12, so ist:

$$- \frac{1}{2c\bar{\omega}} - \frac{b\bar{\omega}'}{2c\Delta\bar{\omega}} - \frac{b}{\Delta} Ds \frac{dx}{\omega} = Ds \frac{x\,dx}{(a + bx + cx^2)^2}. \tag{15}$$

Eine leichte Reduktion zwischen den beiden ersten Gliedern auf der linken Seite giebt das Integral in seiner gewöhnlichen Gestalt.

V. Ist der Exponent q um mehr als eine Einheit kleiner als n (s. oben), so muss x^q entweder unmittelbar aus den Faktoren von ω, nämlich aus π und ϱ oder auch aus den Differentialquotienten π', ϱ' ermittelt werden, wobei jene Methode zu wählen ist, welche die bequemste ist. Häufig können auch diese Methoden ebensogut wie die in den Abs. I—III entwickelten angewendet werden, ähnlich wie ja auch in der Algebra sehr oft mehrere Wege zu demselben Ziele führen.

So kann z. B. die Gleichung

$$\frac{x\,dx}{a + bx + cx^2} = \frac{x\,dx}{\omega} = dy, \tag{16}$$

für welche das Integral schon oben (Gl. 9) ermittelt wurde, auch in der Weise integriert werden, dass man ebenso wie im §. 10, Gl. 4—8 gleichsetzt:

$$\pi = b + \sqrt{\delta} + 2cx; \quad x = \frac{\pi - b - \sqrt{\delta}}{2c}, \tag{17}$$

$$\varrho = b - \sqrt{\delta} + 2cx; \quad x = \frac{\varrho - b + \sqrt{\delta}}{2c}, \tag{18}$$

$$\pi\varrho = 4c\omega; \quad \omega = \frac{\pi\varrho}{4c}. \tag{19}$$

Substituiert man den Wert für x aus der Gl. 17 in die Gl. 16, so ist:

$$\frac{2\,dx}{\varrho} - \frac{2\,(b + \sqrt{\delta})\,dx}{\pi\varrho} = dy \tag{20}$$

oder wenn man beiderseits die Differentialsummen nimmt:

$$\frac{1}{c}\log\bar{\varrho} - \frac{b+\sqrt{\delta}}{2c}\, Ds\,\frac{dx}{\omega} = Ds\,\frac{x\,dx}{a+bx+cx^2}. \tag{21}$$

Substituiert man andererseits den Wert von x aus der Gl. 18 in die Gl. 16, so ist:

$$\frac{1}{c}\log\bar{\pi} - \frac{b-\sqrt{\delta}}{2c}\, Ds\,\frac{dx}{\omega} = Ds\,\frac{x\,dx}{a+bx+cx^2} \tag{22}$$

Diese beiden Integrale kommen meines Wissens nirgends vor, sind aber ebenso richtig und einfacher als das gewöhnliche Integral (Gl. 9).

V. Das Integral der Gleichung:

$$\frac{x\,dx}{a+bx^3} = \frac{x\,dx}{\alpha^3+\beta^3x^3} = \frac{x\,dx}{\omega} = dy \tag{23}$$

kann nur dadurch gewonnen werden, dass man x aus den Faktoren von ω ermittelt. Man setze wie im §. 14, Gl. 4—8:

$$\pi = \alpha + \beta x;\quad x = \frac{\pi - \alpha}{\beta}, \tag{24}$$

$$\varrho = \alpha^2 - \alpha\beta x + \beta^2 x^2, \tag{25}$$

$$\pi\varrho = \omega = \alpha^3 + \beta^3 x^3, \tag{26}$$

so ist, wenn man den Wert von x aus der Gl. 24 in die Gl. 23 substituiert:

$$\frac{dx}{\beta\varrho} - \frac{\alpha\,dx}{\beta\pi\varrho} = dy. \tag{27}$$

Nun ist aber zufolge §. 12, Gl. 15 und §. 14, Gl. 17:

$$\frac{1}{\beta}\, Ds\,\frac{dx}{\varrho} = \frac{2}{\sqrt{3}\,\alpha\beta^2}\arctan\left(\frac{2\beta\bar{x}}{\sqrt{3}\,\alpha} - \frac{1}{\sqrt{3}}\right). \tag{28}$$

$$-\frac{\alpha}{\beta}\, Ds\,\frac{dx}{\pi\varrho} = -\frac{\alpha}{\beta}\, Ds\,\frac{dx}{\omega} = -\frac{1}{3\alpha\beta^2}\log\frac{\bar{\pi}}{\sqrt{\bar{\varrho}}} - \frac{1}{\sqrt{3}\,\alpha\beta^2}\arctan\left(\frac{2\beta\bar{x}}{\sqrt{3}\,\alpha} - \frac{1}{\sqrt{3}}\right). \tag{29}$$

Substituiert man die Differentialsummen aus den Gl. 28 und 29 in die Gl. 27, so ist nach einigen naheliegenden Operationen:

$$\frac{1}{3\alpha\beta^2}\left[\log\frac{\sqrt{\bar{\varrho}}}{\bar{\pi}} + \sqrt{3}\arctan\left(\frac{2\beta\bar{x}}{\sqrt{3}\,\alpha} - \frac{1}{\sqrt{3}}\right)\right] = Ds\,\frac{x\,dx}{\alpha^3+\beta^3x^3}. \tag{30}$$

Ersetzt man überall α und β durch $\frac{\alpha}{\beta} = k$, so erlangt das vorstehende Integral seine gewöhnliche Gestalt.

VI. Ist die Gleichung

$$\frac{x\,dx}{a+bx^4} = \frac{x\,dx}{\alpha^4+\beta^4x^4} = \frac{x\,dx}{\omega} = dy \tag{31}$$

zu integrieren, so setze man ebenso wie in §. 15, Gl. 1—7

$$\pi = \alpha^2 + \sqrt{2}\,\alpha\beta x + \beta^2 x^2, \tag{32}$$

$$\varrho = \alpha^2 - \sqrt{2}\,\alpha\beta x + \beta^2 x^2, \tag{33}$$

$$x = \frac{\pi - \varrho}{2\sqrt{2}\,\alpha\beta}, \tag{34}$$

$$\pi\varrho = \omega = \alpha^4 + \beta^4 x^4, \tag{35}$$

und es ergiebt sich, wenn man den Wert von x aus der Gl. 34 in die Gl. 31 substituiert:

$$\frac{dx}{\varrho} - \frac{dx}{\pi} = 2\sqrt{2}\,\alpha\beta\,dy. \tag{36}$$

Nun ist aber zufolge §. 12, Gl. 25:

$$Ds\,\frac{dx}{\varrho} - Ds\,\frac{dx}{\pi} = -\left[Ds\,\frac{dx}{\pi} - Ds\,\frac{dx}{\varrho}\right] = \frac{\sqrt{2}}{\alpha\beta}\arctan\frac{\beta^2\bar{x}^2}{\alpha^2}, \tag{37}$$

und wenn man diese Differentialsumme in die Gl. 36 substituiert und dy von den Konstanten befreit:

$$\frac{1}{2\alpha^2\beta^2}\arctan\frac{\beta^2\bar{x}^2}{\alpha^2} = Ds\,\frac{x\,dx}{\alpha^4 + \beta^4 x^4}. \tag{38}$$

Setzt man $\alpha^2 = \sqrt{a}$, $\beta^2 = \sqrt{b}$ (§. 15, Gl. 1, 2), so erlangt dieses Integral seine gewöhnliche Form.

Ist endlich die Gleichung:

$$\frac{x^2 dx}{a + bx^4} = \frac{x^2 dx}{\alpha^4 + \beta^4 x^4} = \frac{x^2 dx}{\omega} = dy \tag{39}$$

zu integrieren, so ergiebt sich aus der Gl. 32 und 33:

$$\pi + \varrho = 2\alpha^2 + 2\beta^2 x^2;\quad x^2 = \frac{\pi + \varrho - 2\alpha^2}{2\beta^2}, \tag{40}$$

und wenn man diesen Wert von x^2 in die Gl. 39 substituiert:

$$\frac{dx}{\pi} + \frac{dx}{\varrho} - \frac{2\alpha^2 dx}{\omega} = 2\beta^2\,dy. \tag{41}$$

Nimmt man nun die Differentialsumme von $\frac{dx}{\pi} + \frac{dx}{\varrho}$ aus §. 12, Gl. 24, von $\frac{dx}{\omega}$ aus §. 15, Gl. 12 und 13 und befreit man dann dy von den Konstanten, so ergiebt sich nach einigen Reduktionen:

$$\frac{1}{4\sqrt{2}\,\alpha\beta^3}\left[\log\frac{\bar{\varrho}}{\pi} + 2\arctan\frac{\sqrt{2}\,\alpha\beta\bar{x}}{\alpha^2 - \beta^2\bar{x}^2}\right] = Ds\,\frac{x^2 dx}{\alpha^4 + \beta^4 x^4}. \tag{42}$$

Durch Substitution von $\frac{\alpha}{\beta} = k$ wird dieses Integral leicht auf seine übliche Form gebracht.

VII. Ist die Gleichung

$$\frac{x\,dx}{a + bx^2 + cx^4} = \frac{x\,dx}{\omega} = dy \tag{43}$$

zu integrieren, so setze man (für $b^2 > 4ac$) wie in §. 13, Gl. 1—5:

$$\pi = b + \sqrt{\delta} + 2cx^2, \tag{44}$$

$$\varrho = b - \sqrt{\delta} + 2cx^2, \tag{45}$$

$$\pi - \varrho = 2\sqrt{\delta}, \tag{46}$$

$$\pi\varrho = 4c\omega; \quad \omega = \frac{\pi\varrho}{4c}, \tag{47}$$

und führe in die Gl. 43 mit Rücksicht auf die Gl. 46 Variable und Konstanten ein, so ergiebt sich

$$\frac{x\,dx}{\varrho} - \frac{x\,dx}{\pi} = \frac{\sqrt{\delta}}{2c}\,dy. \tag{48}$$

Nimmt man nun nach Anleitung der Operationen in den Gl. 1—3 von den Differentialen links die Differentialsummen, so ergeben sich, da $\varrho' = 4cx$, $\pi' = 4cx$, also $x = \frac{\varrho'}{4c} = \frac{\pi'}{4c}$ ist, folgende zwei Gleichungen:

$$\frac{\varrho'\,dx}{4c\varrho} - \frac{\pi'\,dx}{4c\pi} = \frac{\sqrt{\delta}}{2c}\,dy$$

$$\frac{1}{2\sqrt{\delta}}\log\frac{\varrho}{\pi} = Ds\,\frac{x\,dx}{a + bx^2 + cx^4}. \tag{49}$$

Wird in der Gl. 43 statt x der Ausdruck x^2 gesetzt, so kann x^2 leicht aus den Gl. 44 oder 45 ermittelt und dann die Integration vorgenommen werden. Ist $x^q = x^3$, so sind die sub I dargelegten Methoden anwendbar. Auch für $b^2 < 4ac$ können die Integrale nach der obigen Darstellung (vgl. auch §. 13, Gl. 19 ff.) ohne Schwierigkeit ermittelt werden.

§. 20.

Integration von $\frac{x^q\,dx}{\omega^p}$ (Fortsetzung).

I. Während die Integration der im §. 19 behandelten Differentiale ein gewisses Eingehen in die Individualität der einzelnen Fälle erheischt, kann das obige Differential für $q > n$ (vgl. oben S. 39) nach einer allgemeinen Formel integriert werden.

Bezeichnet man (s. oben S. 39) mit gx^n das Glied von ω mit der höchsten Potenz von x, ferner den Rest, welcher von ω nach Abzug dieses Gliedes verbleibt, mit R, so ist:

$$\omega = R + gx^n, \tag{1}$$

$$x^n = \frac{\omega - R}{g}. \tag{2}$$

Ist nun $x^n = x^q$, so braucht man nur den vorstehenden Wert in die Fundamentalgleichung:

$$\frac{x^q\,dx}{\omega^p} = dy \tag{3}$$

zu substituieren, welche dann folgende Gestalt annimmt:

$$\frac{(\omega - R)\,dx}{g\,\omega^p} = dy \tag{4}$$

oder

$$\frac{1}{g}\,Ds\,\frac{dx}{\omega^{p-1}} - \frac{1}{g}\,Ds\,\frac{R\,dx}{\omega^p} = Ds\,dy\,. \tag{5}$$

Ist dagegen $q > n$, so muss die Gl. 2 mit x^{q-n} multipliziert werden, worauf sie folgende Gestalt annimmt:

$$x^q = \frac{x^{q-n}\,\omega - R x^{q-n}}{g}, \tag{6}$$

und wenn man diesen letzteren Ausdruck in die Gl. 3 substituiert, so ist:

$$\frac{1}{g}\,Ds\,\frac{x^{q-n}\,dx}{\omega^{p-1}} - \frac{1}{g}\,Ds\,\frac{R x^{q-n}\,dx}{\omega^p} = Ds\,dy\,. \tag{7}$$

Mit den beiden Formeln in den Gl. 5 und 7 kann jedes Differential von der Form $\frac{x^q\,dx}{\omega^p}$ für $q \geq n$ leicht integriert werden.

II. Es sei z. B. die Gleichung

$$\frac{x^2\,dx}{a + bx + cx^2} = \frac{x^2\,dx}{\omega} = dy \tag{10}$$

zu integrieren, so ist zufolge Gl. 2:

$$x^2 = \frac{\omega - a - bx}{c}, \tag{11}$$

folglich, wenn man diesen Wert in die Gl. 10 substituiert:

$$Ds\,\frac{dx}{c} - \frac{a}{c}\,Ds\,\frac{dx}{\omega} - \frac{b}{c}\,Ds\,\frac{x\,dx}{\omega} = Ds\,dy\,. \tag{12}$$

Nimmt man von den Differentialen links die Differentialsummen (vgl. namentlich §. 19, Gl. 9), so ist nach einigen leichten Operationen:

$$\frac{\overline{x}}{c} - \frac{b}{2c^2}\log\overline{\omega} + \left(\frac{b^2}{2c^2} - \frac{a}{c}\right) Ds\,\frac{dx}{\omega} = Ds\,\frac{x^2\,dx}{a + bx + cx^2}. \tag{13}$$

III. Ist die Gleichung

$$\frac{x^3\,dx}{a + bx + cx^2} = \frac{x^3\,dx}{\omega} = dy \tag{14}$$

zu integrieren, so ist zufolge Gl. 6

$$x^3 = \frac{x\omega - ax - bx^2}{c}, \tag{15}$$

und wenn man diesen Ausdruck in die Gl. 14 substituiert, so ist:

$$Ds\,\frac{x\,dx}{c} - \frac{a}{c}\,Ds\,\frac{x\,dx}{\omega} - \frac{b}{c}\,Ds\,\frac{x^2\,dx}{\omega} = Ds\,\frac{x^3\,dx}{\omega}. \tag{16}$$

Zur Integration dieser Gleichung ist blos erforderlich, dass man für die links angedeuteten Differentialsummen aus §. 19, Gl. 9 und aus der obigen Gl. 13 die entsprechenden Werte substituiert und dann die erforderlichen Reduktionen vornimmt.

§. 21.

Integration von $\frac{dx}{x^m \omega^p}$.

I. In dieser Formel bedeutet ω ein Binom, Trinom oder Polynom von der Form $a + bx + cx^2 + \cdots + gx^n$ (vgl. §. 19), m, n, p bedeuten ganze positive Zahlen, endlich bezeichne ich mit r den Rest, welcher von ω nach Abzug der Konstante a verbleibt.

Ist nun die Gleichung

$$\frac{dx}{x^m \omega^p} = dy \tag{1}$$

zu integrieren, so setze man

$$\omega = a + r, \tag{2}$$

$$a = \omega - r, \tag{3}$$

und führe dann in die obige Gl. 1 mit Rücksicht auf die Gl. 3 Variable und Konstanten ein, so dass sich also folgende zwei Gleichungen ergeben:

$$\frac{(\omega - r)\,dx}{\omega^p} = a\,dy, \tag{3}$$

$$\frac{dx}{\omega^{p-1}} - \frac{r\,dx}{\omega^p} = a\,dy. \tag{4}$$

Nimmt man nun die Differentialsummen und befreit man sodann dy von der Konstante, so ist:

$$\frac{Ds\,\frac{dx}{\omega^{p-1}} - Ds\,\frac{r\,dx}{\omega^p}}{a} = \frac{1}{a}\,Ds\,\frac{dx}{\omega^{p-1}} - \frac{1}{a}\,Ds\,\frac{r\,dx}{\omega^p} = Ds\,\frac{dx}{x^m \omega^p}. \tag{5}$$

Nach dieser einfachen Formel können alle Differentiale von der Form $\frac{dx}{x^m \omega^p}$ integriert werden.

II. Ist z. B. die Gleichung:

$$\frac{dx}{x(a + bx)} = \frac{dx}{x\omega} = dy \tag{6}$$

zu integrieren und multipliziert man (Gl. 3) links mit $\omega - bx$, rechts mit a, so ist:

$$\frac{(\omega - bx)\,dx}{x\omega} = a\,dy \tag{7}$$

oder

$$\frac{dx}{x} - \frac{b\,dx}{\omega} = a\,dy. \tag{8}$$

Nimmt man nun beiderseits die Differentialsummen, so ist (Neue Int.-Meth. Gl. 201, 213):

$$l\bar{x} - l\bar{\omega} = \log\frac{\bar{x}}{\bar{\omega}} = Ds\, a\, dy, \tag{9}$$

und wenn man dy von den Konstanten befreit:

$$\frac{1}{a}\log\frac{\bar{x}}{\bar{\omega}} = Ds\,\frac{dx}{x(a+bx)}. \tag{10}$$

III. Ist die Gleichung

$$\frac{dx}{x^2(a+bx)} = dy \tag{11}$$

zu integrieren, so verfährt man so wie in Gl. 7 und es ergiebt sich

$$Ds\,\frac{dx}{x^2} - b\,Ds\,\frac{dx}{x\omega} = Ds\,a\,dy. \tag{12}$$

Substituiert man links den Wert der Differentialsummen mit Rücksicht auf Neue Int.-Meth., Gl. 180 und auf die obige Gl. 10 und befreit man dann dy von der Konstante, so ist:

$$-\frac{1}{a\bar{x}} - \frac{b}{a^2}\log\frac{\bar{x}}{\bar{\omega}} = Ds\,\frac{dx}{x^2(a+bx)}. \tag{13}$$

IV. Ist die Gleichung

$$\frac{dx}{x(a+bx^2)} = \frac{dx}{x\omega} = dy \tag{14}$$

zu integrieren, so ist mit Rücksicht auf die Relation $\omega - bx^2 = a$:

$$Ds\,\frac{dx}{x} - b\,Ds\,\frac{x\,dx}{\omega} = Ds\,a\,dy. \tag{15}$$

Nimmt man nun mit Rücksicht auf die obige Gl. 8 und auf §. 19, Gl. 3 die Differentialsummen und befreit man sodann dy von der Konstante, so ist

$$\frac{1}{2a}\log\frac{\bar{x}^2}{\bar{\omega}} = Ds\,\frac{dx}{x(a+bx^2)}. \tag{16}$$

V. Ist die Gleichung:

$$\frac{dx}{x(a+bx+cx^2)} = \frac{dx}{x\omega} = dy \tag{17}$$

zu integrieren, so ist:

$$\frac{(\omega - bx - cx^2)\,dx}{x\omega} = a\,dy \tag{18}$$

oder

$$Ds\,\frac{dx}{x} - b\,Ds\,\frac{dx}{\omega} - c\,Ds\,\frac{x\,dx}{\omega} = Ds\,a\,dy. \tag{19}$$

Substituiert man nun den Wert der Differentialsummen (s. oben §. 19, Gl. 9) in die vorstehende Gleichung, so ist nach einigen leichten Reduktionen:

$$\frac{1}{2a}\log\frac{\bar{x}^2}{\bar{\omega}} - \frac{b}{2a}\,Ds\,\frac{dx}{\omega} = Ds\,\frac{dx}{x(a+bx+cx^2)}. \tag{20}$$

VI. Ist die Gleichung

$$\frac{dx}{x^2(a + bx + cx^2)} = \frac{dx}{x^2\omega} = dy \qquad 21)$$

zu integrieren, so ist (s. Gl. 18 und 19)

$$Ds\frac{dx}{x^2} - b\,Ds\frac{dx}{x\omega} - c\,Ds\frac{dx}{\omega} = Ds\,a\,dy. \qquad 22)$$

Substituiert man in die vorstehende Gleichung die Werte der Differentialsummen (s. für das zweite Glied oben Gl. 20), so ist nach einigen Reduktionen, wenn man dy von der Konstante befreit:

$$-\frac{1}{ax} - \frac{b}{2a^2}\log\frac{\overline{x}^2}{\omega} + \frac{b^2 - 2ac}{2a^2}Ds\frac{dx}{\omega} = Ds\frac{dx}{x^2(a + bx + cx^2)}. \qquad 23)$$

Auf ganz analoge Weise wie oben (Gl. 17—20) erhält man noch das schon in früheren Abschnitten mehrfach benützte Integral:

$$Ds\frac{dx}{x(a - bx + cx^2)} = \frac{1}{2a}\log\frac{\overline{x}^2}{\overline{\omega}} + \frac{b}{2a}Ds\frac{dx}{\omega}. \qquad 24)$$

Dritte Abteilung.

Die goniometrischen Integrale.

§. 22.

Integration der einfachsten goniometrischen Differentiale.

Die neuen Rechnungsmethoden gewähren die Möglichkeit, die goniometrischen Differentiale direkt zu integrieren, während diese nach den heute üblichen Methoden zum grossen Teile entweder durch die beliebten „Umkehrungen" oder auf einem indirekten Wege gewonnen werden, indem man die goniometrischen Funktionen und Differentiale in algebraische Ausdrücke verwandelt (z. B. durch die Gleichungen $\sin x = u$ oder $\mathrm{tg}\frac{x}{2} = u$). Auch hier treten durch die neuen Rechnungsmethoden an die Stelle eines überaus komplizierten Formelwerks einige wenige elementare Handgriffe, die für den Kenner der neuen Rechnungsarten kaum einer näheren Erläuterung bedürfen.

I. Ist die Gleichung:

$$\cos x\,dx = dy \qquad 1)$$

zu integrieren und numeralisiert man dieselbe, so ist:

$$1 + \cos x\,dx\,ld\beta = \overset{d\beta}{v}\,dy. \qquad 2)$$

Multipliziert und dividiert man das Differential links mit $\sin x$, um das linksseitige Numeral auf die Form $1 + \frac{d\omega}{\omega}$ zu bringen (s. Neue Int.-Meth. S. 41, Gl. 221, 222; S. 44, Gl. 245, 246 ff.), so entsteht folgender Ausdruck:

$$1 + \frac{\sin x \cos x \, dx \, l d\beta}{\sin x} = \overset{d\beta}{\nu} dy, \tag{3}$$

und wenn man $\sin x$ in die Potenz versetzt und sodann die Numeralgleichung bildet, so ist:

$$\frac{d\beta^{\sin x}\left(1 + \frac{\cos x \, dx \, l d\beta}{\sin x}\right)^{\sin x}}{d\beta^{\sin x}} = \overset{d\beta}{\nu} dy. \tag{4}$$

Logarithmalisiert man diese Gleichung, um den ursprünglichen Wert von dy herzustellen, so nimmt sie folgende Gestalt an:

$$\sin x + \cos x \, dx - \sin x = dy. \tag{5}$$

Nun ist aber:

$$\sin dx = dx, \tag{6}$$

$$\cos dx = 1, \tag{7}$$

folglich:

$$\sin x + \cos x \, dx = \sin x \cos dx + \cos x \sin dx = \sin(x + dx), \tag{8}$$

und wenn man den letzteren Ausdruck in die Gl. 5 substituiert, so ergeben sich die beiden Gleichungen:

$$\sin(x + dx) - \sin x = dy = \cos x \, dx, \tag{9}$$

$$\sin \bar{x} = Ds \, dy = Ds \cos x \, dx. \tag{10}$$

II. In ganz ähnlicher Weise wird die Gleichung:

$$\sin x \, dx = dy \tag{11}$$

integriert, nur dass Multiplikation und Division mit $\cos x$ stattfindet (s. oben Gl. 3). Es ergiebt sich dann (vgl. Gl. 5):

$$\cos x + \sin x \, dx - \cos x = dx. \tag{12}$$

Multipliziert man, um die Operation in der Gl. 14 zu ermöglichen, dx und dy mit -1 (Neue Int.-Meth. S. 35, 53), so ist:

$$\cos x - \sin x \, dx - \cos x = -dy. \tag{13}$$

Nun ist aber mit Rücksicht auf die Gl. 6 und 7:

$$\cos x - \sin x \, dx = \cos x \cos dx - \sin x \sin dx = \cos(x + dx), \tag{14}$$

folglich, wenn man den letzteren Ausdruck in die Gl. 13 substituiert:

$$\cos(x + dx) - \cos x = -dy. \tag{15}$$

Befreit man endlich dy von dem Minuszeichen, so ergeben sich die beiden Gleichungen:

$$-[\cos(x+dx)-\cos x]=dy, \tag{16}$$

$$-\cos\overline{x}=Ds\,dy=Ds\sin x\,dx. \tag{17}$$

III. Ist die Gleichung:

$$\frac{dx}{\cos^2 x}=dy \tag{18}$$

zu integrieren, so ergeben sich folgende Umwandlungen, die nach dem bisher Gesagten keiner weiteren Erläuterung bedürfen:

$$1+\frac{dx\,ld\beta}{\cos^2 x}=\overset{d\beta}{\nu}dy. \tag{19}$$

$$1+\frac{\sin x\,dx\,ld\beta}{\sin x\cos^2 x}=\overset{d\beta}{\nu}dy. \tag{20}$$

$$\frac{d\beta^{\frac{\sin x}{\cos x}}\left(1+\frac{dx\,ld\beta}{\sin x\cos x}\right)^{\frac{\sin x}{\cos x}}}{d\beta^{\frac{\sin x}{\cos x}}}=\overset{d\beta}{\nu}dy. \tag{21}$$

Da hier $\frac{\sin x}{\cos x}$ in die Potenz versetzt werden musste, so ist es notwendig, das links erscheinende Differentialbinomium in ein Trinom zu verwandeln, weil nur ein solches (s. unten Gl. 24) die Differentialsumme eines Bruches ergiebt. Die Umwandlung in ein Trinom erfolgt hier wie in anderen Fällen dadurch, dass man mit Rücksicht auf die Relation $\sin^2 x+\cos^2 x=1$ Variable und Konstanten in die Gl. 21 einführt, folglich dx mit $\sin^2 x+\cos^2 x$, dagegen dy mit 1 multipliziert. Die Gleichung erlangt dann folgende Gestalt:

$$\frac{d\beta^{\frac{\sin x}{\cos x}}\left(1+\frac{\cos x\,dx\,ld\beta}{\sin x}+\frac{\sin x\,dx\,ld\beta}{\cos x}\right)^{\frac{\sin x}{\cos x}}}{d\beta^{\frac{\sin x}{\cos x}}}=\overset{d\beta}{\nu}dy. \tag{22}$$

Logarithmalisiert man diese Numeralgleichung, so ist:

$$\frac{\sin x}{\cos x}\left[1+\frac{\cos x\,dx}{\sin x}+\frac{\sin x\,dx}{\cos x}\right]-\frac{\sin x}{\cos x}=dy. \tag{23}$$

Nun ist aber (s. Neue Int.-Meth. S. 47—49 und oben §. 17, Gl. 13 und 16, §. 18, Gl. 15 und 18):

$$\frac{\sin x}{\cos x}\left[1+\frac{\cos x\,dx}{\sin x}+\frac{\sin x\,dx}{\cos x}\right]=\frac{\sin x}{\cos x}\cdot\frac{1+\frac{\cos x\,dx}{\sin x}}{1-\frac{\sin x\,dx}{\cos x}}=\frac{\sin x+\cos x\,dx}{\cos x-\sin x\,dx}=$$

$$=\frac{\sin(x+dx)}{\cos(x+dx)}, \tag{24}$$

und es ergeben sich, wenn man diesen letzteren Ausdruck in die Gl. 23 substituiert, folgende Relationen:

$$\frac{\sin(x+dx)}{\cos(x+dx)} - \frac{\sin x}{\cos x} = dy. \qquad 24)$$

$$\frac{\sin \bar{x}}{\cos \bar{x}} = \operatorname{tg} \bar{x} = Ds\, dy = Ds \frac{dx}{\cos^2 x}. \qquad 25)$$

Ebenso ist:

$$-\frac{\cos \bar{x}}{\sin \bar{x}} = -\cot \bar{x} = Ds \frac{dx}{\sin^2 x}, \qquad 26)$$

wobei nur zu bemerken ist, dass bei Ableitung dieses Integrals mit $\cos x$ zu multiplizieren (s. Gl. 20), $\frac{\cos x}{\sin x}$ in die Potenz zu versetzen (Gl. 21), endlich dx und dy mit -1 zu multiplizieren ist (s. oben Gl. 13).

IV. Ist die Gleichung

$$\frac{\sin x\, dx}{\cos^2 x} = dy \qquad 27)$$

zu integrieren, so ist die Numeralgleichung:

$$\frac{d\beta^{\frac{1}{\cos x}} \left(1 + \frac{\sin x\, dx\, l\, d\beta}{\cos x}\right)^{\frac{1}{\cos x}}}{d\beta^{\frac{1}{\cos x}}} = \overset{d\beta}{\nu}\, dy, \qquad 28)$$

und wenn man diese numeralisiert:

$$\frac{1}{\cos x}\left(1 + \frac{\sin x\, dx}{\cos x}\right) - \frac{1}{\cos x} = dy. \qquad 29)$$

Nun ist aber (Neue Int.-Meth. Gl. 10 und oben Gl. 14):

$$\frac{1}{\cos x}\left(1 + \frac{\sin x\, dx}{\cos x}\right) = \frac{1}{\cos x} \cdot \frac{1}{1 - \frac{\sin x\, dx}{\cos x}} = \frac{1}{\cos(x+dx)} = \frac{1}{\cos \bar{x}}. \qquad 30)$$

Substituiert man diesen letzten Wert in die Gl. 29, so ergeben sich die Relationen:

$$\frac{1}{\cos \bar{x}} - \frac{1}{\cos x} = dy, \qquad 31)$$

$$\frac{1}{\cos \bar{x}} = \sec \bar{x} = Ds\, dy = Ds \frac{\sin x\, dx}{\cos^2 x}. \qquad 32)$$

Durch ähnliche, jedoch in einzelnen Punkten (vgl. zu Gl. 26) abweichende Operationen erhält man die Gleichung:

$$-\frac{1}{\sin \bar{x}} = -\operatorname{cosec} \bar{x} = Ds \frac{\cos x\, dx}{\sin^2 x}. \qquad 33)$$

V. Ist die Gleichung:

$$\operatorname{tg} x\, dx = \frac{\sin x\, dx}{\cos x} = dy \qquad 34)$$

zu integrieren, so ist nach vollzogener Numeralisierung:

$$1 + \frac{\sin x\, dx\, l\, d\beta}{\cos x} = \overset{d\beta}{\nu}\, dy. \qquad 35)$$

Multipliziert man in dieser Gleichung dx und dy mit -1, so liegt offenbar ein logarithmisches Integral vor (Neue Int.-Meth. S. 37—40). Es ist nämlich:

$$1 - \frac{\sin x\, dx\, l d\beta}{\cos x} = \left[\frac{\cos x - \sin x\, dx}{\cos x}\right]^{l d\beta} = \left[\frac{\cos(x + dx)}{\cos x}\right]^{l d\beta} = \overset{d\beta}{\nu} - dy. \quad 36)$$

Logarithmalisiert man diese Gleichung und befreit man sodann dy von dem Minuszeichen, so ergeben sich folgende Relationen:

$$-[\log\cos(x + dx) - \log x] = dy, \quad 37)$$

$$-\log\cos\bar{x} = Ds\, dy = Ds \operatorname{tg} x\, dx. \quad 38)$$

Ebenso ist:

$$Ds \cot x\, dx = Ds \frac{\cos x\, dx}{\sin x} = \log\sin\bar{x}, \quad 39)$$

wobei nur zu bemerken ist, dass bei Ableitung dieses Integrals mit Rücksicht auf Gl. 8 die Multiplikation mit -1 nicht notwendig ist.

VI. Ist die Gleichung:

$$\sec x\, dx = \frac{dx}{\cos x} = dy \quad 40)$$

zu integrieren, so multipliziere man, um die Einführung von Variablen und Konstanten zu ermöglichen, Zähler und Nenner des Differentials mit $\cos x$ und es ist dann:

$$\frac{\cos x\, dx}{1 - \sin^2 x} = dy. \quad 41)$$

Setzt man nun:

$$\omega = 1 - \sin^2 x, \quad 42)$$

$$\pi = 1 + \sin x, \quad 43)$$

$$\varrho = 1 - \sin x, \quad 44)$$

$$\pi + \varrho = 2, \quad 45)$$

$$\pi\varrho = \omega = 1 - \sin^2 x, \quad 46)$$

und führt man mit Rücksicht auf die Gleichung 45 Variable und Konstanten ein, so ist:

$$\frac{\cos x\, dx}{\pi} + \frac{\cos x\, dx}{\varrho} = 2\, dy. \quad 47)$$

Verfährt man nun mit dieser Gleichung genau so wie in den Neuen Int.-Meth. S. 54, Gl. 307 ff. angegeben ist, so ergiebt sich:

$$\left[\frac{\pi + \cos x\, dx}{\varrho - \cos x\, dx} : \frac{\pi}{\varrho}\right]^{l d\beta} = \overset{d\beta}{\nu}\, 2\, dy. \quad 48)$$

Da $\pi + \cos x\, dx = \bar{\pi}$, $\varrho - \cos x\, dx = \bar{\varrho}$ ist, so ergeben sich, wenn man die vorstehende Gleichung logarithmalisiert und dy von der Konstante befreit, folgende zwei Relationen:

$$\frac{1}{2}\log\frac{\bar\pi}{\bar\varrho}-\frac{1}{2}\log\frac{\pi}{\varrho}=dy\,, \tag{49}$$

$$\frac{1}{2}\log\frac{\bar\pi}{\bar\varrho}=\frac{1}{2}\log\frac{1+\sin\bar x}{1-\sin\bar x}=\log\operatorname{tang}\left(\frac{\pi}{4}+\frac{\bar x}{2}\right)=Ds\sec x\,dx=Ds\frac{dx}{\cos x}\cdot \tag{50}$$

VII. Ist die Gleichung

$$\operatorname{cosec} x\,dx=\frac{dx}{\sin x}=dy \tag{51}$$

zu integrieren, so ist wie sub VI vorzugehen. Man multipliziert Zähler und Nenner des Differentials mit $\sin x$ und setzt dann:

$$\omega=1-\cos^2 x, \tag{52}$$

$$\pi=1+\cos x, \tag{53}$$

$$\varrho=1-\cos x, \tag{54}$$

$$\pi+\varrho=2, \tag{55}$$

$$\pi\varrho=\omega=1-\cos^2 x, \tag{56}$$

und erhält, wenn man mit Rücksicht auf die Gl. 55 Variable und Konstanten einführt,

$$\frac{\sin x\,dx}{\pi}+\frac{\sin x\,dx}{\varrho}=2\,dy. \tag{57}$$

Multipliziert man nun diese Gleichung mit -1 und verfährt so wie in den Gl. 47—49 angegeben ist, so erhält man, wenn man schliesslich dy von dem Minuszeichen befreit:

$$-\frac{1}{2}\log\frac{\bar\pi}{\bar\varrho}=\log\sqrt{\frac{1-\cos\bar x}{1+\cos\bar x}}=\log\operatorname{tang}\frac{\bar x}{2}=Ds\,dy=Ds\frac{dx}{\sin x}\cdot \tag{58}$$

VIII. Von den cyclometrischen Integralen kommen hier nur die Kreisbogen-Integrale der Tangente in Betracht, weil diese in dem Verlaufe dieser Darstellung bei der Integration von zahlreichen algebraischen Funktionen benutzt wurden.

Man setze statt der Gleichung:

$$d\operatorname{tang} x=\frac{dx}{\cos^2 x} \tag{59}$$

mit Rücksicht auf die bekannte goniometrische Relation $\frac{1}{\cos^2 x}=1+\operatorname{tg}^2 x$,

$$\frac{d\operatorname{tang} x}{1+\operatorname{tg}^2 x}=d\operatorname{arc} x. \tag{60}$$

Nimmt man beiderseits die Differentialsumme, so ergiebt sich:

$$Ds\frac{d\operatorname{tang} x}{1+\operatorname{tang}^2 x}=\operatorname{arctan}\bar x. \tag{61}$$

Da die Funktion $\operatorname{tang} x$ auf der Strecke von 0^0 bis 360^0 alle numerischen Werte von $+\infty$ bis $-\infty$ durchschreitet, so kann man im Allgemeinen $\operatorname{tang} x=x$ setzen, so dass sich dann ergiebt:

$$Ds\,\frac{dx}{1+x^2} = \operatorname{arctan}\bar{x} \qquad 62)$$

oder allgemeiner:

$$Ds\,\frac{df(x)}{1+[f(x)]^2} = \operatorname{arctan} f(\bar{x})\,. \qquad 63)$$

Auf ähnliche Weise können auch alle übrigen einfachen cyclometrischen Differentialsummen abgeleitet werden.

§. 23.

Integration von $\sin^n x\,dx$ und $\cos^n x\,dx$.

I. Die Integration von $\sin^n x\,dx$ und $\cos^n x\,dx$ ist den oben in §. 17 und 18 dargestellten Integrationen sehr analog[1]). Ist nämlich die Gleichung:

$$\sin^n x\,dx = dy \qquad 1)$$

zu integrieren, so multipliziert man zunächst beiderseits mit n, also:

$$n \sin^n x\,dx = n\,dy\,. \qquad 2)$$

Nun teilt man das linksseitige Differential, so dass die Gleichung folgende Gestalt annimmt:

$$\sin^n x\,dx + (n-1)\sin^n x\,dx = n\,dy\,. \qquad 3)$$

Setzt man ferner in dem zweiten Differential an die Stelle von $\sin^n x$ den Ausdruck $\sin^{n-2} x\,(1-\cos^2 x)$, so ist:

$$\sin^n x\,dx - (n-1)\sin^{n-2} x \cos^2 x\,dx + (n-1)\sin^{n-2} x\,dx = n\,dy\,. \qquad 4)$$

Nimmt man nun von vorstehender Gleichung die Differentialsumme, indem man zugleich zur Erleichterung der Operationen bei den zwei ersten Differentialen die Zeichen wechselt, dann $\sin^{n-1} x \cos x$ aus denselben extrahiert und schliesslich dy von der Konstante befreit, so ergiebt sich folgende Integrationsformel:

$$-\frac{1}{n}\,Ds\,\sin^{n-1} x \cos x\left[\frac{(n-1)\cos x\,dx}{\sin x} - \frac{\sin x\,dx}{\cos x}\right] + \frac{n-1}{n}\,Ds\,\sin^{n-2} x\,dx$$
$$= Ds\,\sin^n x\,dx\,. \qquad 5)$$

Auf ganz ähnliche Weise erlangt man, ohne dass jedoch ein Zeichenwechsel wie in der Gl. 5 erforderlich ist:

$$\frac{1}{n}\,Ds\,\cos^{n-1} x \sin x\left[-\frac{(n-1)\sin x\,dx}{\cos x} + \frac{\cos x\,dx}{\sin x}\right] + \frac{n-1}{n}\,Ds\,\cos^{n-2} x\,dx =$$
$$= Ds\,\cos^n x\,dx\,. \qquad 6)$$

II. Ist z. B. die Gleichung:

$$\sin^2 x\,dx = dy \qquad 7)$$

---

1) Die Exponenten m und n sind ebenso wie in allen folgenden Integrationen (§. 24—30) ganze, positive Zahlen.

zu integrieren, so multipliziert man beiderseits mit $n = 2$ (Gl. 2) und teilt sodann (Gl. 3) das Differential, also:

$$\sin^2 x\,dx + \sin^2 x\,dx = 2\,dy. \tag{8}$$

Man ersetzt in dem zweiten Differential nunmehr (Gl. 4) $\sin^2 x$ durch $1 - \cos^2 x$, also:

$$\sin^2 x\,dx - \cos^2 x\,dx + dx = 2\,dy. \tag{9}$$

Wechselt man nun bei den zwei ersten Differentialen die Zeichen und extrahiert man $\sin^{n-1} x \cos x$, so ist zufolge N. Int-Meth. Gl. 70, 2, 270 ff.:

$$\begin{aligned} - Ds \sin x \cos x \left[\frac{\cos x\,dx}{\sin x} - \frac{\sin x\,dx}{\cos x}\right] &= \\ = - \sin x\left(1 + \frac{\cos x\,dx}{\sin x}\right) \cdot \cos x\left(1 - \frac{\sin x\,dx}{\cos x}\right) &= \\ = - \sin(x + dx)\cos(x + dx) = - \sin \bar{x} \cos \bar{x}. \end{aligned} \tag{10}$$

Ferner ist

$$Ds\,dx = \bar{x}. \tag{11}$$

Substituiert man die Differentialsummen aus den Gl. 10 und 11 in die Gl. 9 und befreit man dann dy von der Konstante, so ist:

$$-\frac{\sin \bar{x} \cos \bar{x}}{2} + \frac{\bar{x}}{2} = Ds \sin^2 x\,dx. \tag{12}$$

III. Ist die Gleichung:

$$\sin^3 x\,dx = dy \tag{13}$$

zu integrieren, so ist, wenn man die im §. 17, Abs. III benutzten Abkürzungen anwendet, mit Rücksicht auf die Gl. 5:

$$\begin{aligned} - \frac{1}{n} D's = - \frac{1}{3} Ds \sin^2 x \cos x \left[\frac{2 \cos x\,dx}{\sin x} - \frac{\sin x\,dx}{\cos x}\right] &= \\ = - \frac{1}{3} \sin^2 x\left(1 + \frac{2 \cos x\,dx}{\sin x}\right) \cdot \cos x\left(1 - \frac{\sin x\,dx}{\cos x}\right) &= \\ = - \frac{1}{3}(\sin^2 x + 2 \sin x \cos x\,dx)(\cos x - \sin x\,dx) &= \\ = - \frac{1}{3}(\sin x + \cos x\,dx)^2(\cos x - \sin x\,dx) &= \\ = - \frac{1}{3} \sin^2 \bar{x} \cos \bar{x}. \end{aligned} \tag{14}$$

$$\frac{n-1}{n} D''s = \frac{2}{3} Ds \sin x\,dx = (\text{§. 22, Gl. 17}) - \frac{2}{3} \cos \bar{x}. \tag{15}$$

Substituiert man die beiden vorstehenden Differentialsummen in die Gl. 5, so ergiebt sich:

$$-\frac{\cos \bar{x}}{3}(\sin^2 \bar{x} + 2) = Ds \sin^3 x\,dx. \tag{16}$$

§. 24.

Integration von $\frac{dx}{\sin^n x}$ und $\frac{dx}{\cos^n x}$.

I. Ganz analog der im §. 23 gegebenen Entwicklung ist die Integration der Gleichung:

$$\frac{dx}{\sin^n x} = dy. \qquad 1)$$

Man multipliziert beiderseits mit $n-1$ und führt sodann mit Rücksicht auf die Relation $\sin^2 x + \cos^2 x = 1$ Variable und Konstanten ein, also:

$$\frac{(n-1)\,dx}{\sin^{n-2} x} + \frac{(n-1)\cos^2 x\,dx}{\sin^n x} = (n-1)\,dy. \qquad 2)$$

Man teilt nunmehr das erste Differential in der bekannten Weise und extrahiert aus den beiden ersten Gliedern $\frac{\cos x}{\sin^{n-1} x}$, so dass also ist:

$$\frac{\cos x}{\sin^{n-1} x}\left[\frac{\sin x\,dx}{\cos x} + \frac{(n-1)\cos x\,dx}{\sin x}\right] + \frac{(n-2)\,dx}{\sin^{n-2} x} = (n-1)\,dy. \qquad 3)$$

Nimmt man nun die Differentialsumme, indem man zugleich, um deren Bildung zu ermöglichen (s. z. B. unten Gl. 7) bei dem ersten Ausdruck die Zeichen wechselt und befreit man zum Schluss dy von den Konstanten, so ist:

$$-\frac{1}{n-1}\,Ds\,\frac{\cos x}{\sin^{n-1} x}\left[-\frac{\sin x\,dx}{\cos x} - \frac{(n-1)\cos x\,dx}{\sin x}\right] + \frac{n-2}{n-1}\,Ds\,\frac{dx}{\sin^{n-2} x} =$$
$$= Ds\,\frac{dx}{\sin^n x}. \qquad 4)$$

Ebenso ergiebt sich, ohne dass jedoch bei dieser Formel ein Zeichenwechsel notwendig ist:

$$\frac{1}{n-1}\,Ds\,\frac{\sin x}{\cos^{n-1} x}\left[\frac{\cos x\,dx}{\sin x} + \frac{(n-1)\sin x\,dx}{\cos x}\right] + \frac{n-2}{n-1}\,Ds\,\frac{dx}{\cos^{n-2} x} =$$
$$= Ds\,\frac{dx}{\cos^n x}. \qquad 5)$$

II. Ist z. B. die Gleichung.

$$\frac{dx}{\sin^3 x} = dy \qquad 6)$$

zu integrieren (s. oben §. 22, Gl. 58, 26) und benützt man wieder die im §. 17, Abs. III enthaltenen Abkürzungen, so ist (s. oben §. 22, Gl. 24):

$$-\frac{1}{n-1}\,D's = -\frac{1}{2}\cdot\frac{\cos x}{\sin^2 x}\cdot\frac{1-\frac{\sin x\,dx}{\cos x}}{1+\frac{2\cos x\,dx}{\sin x}} = -\frac{\cos x - \sin x\,dx}{2\,(\sin^2 x + 2\sin x\cos x\,dx)} =$$
$$= -\frac{\cos(x+dx)}{2\,(\sin x + \cos x\,dx)^2} = -\frac{\cos\bar{x}}{2\sin^2\bar{x}}. \qquad 7)$$

$$\frac{n-2}{n-1} D''s = \frac{1}{2} Ds \frac{dx}{\sin x} = (\S. 22, \text{Gl. } 58) \frac{1}{2} \log \text{tang} \frac{\bar{x}}{2}. \qquad 8)$$

Substituiert man die beiden Differentialsummen aus den Gl. 7 und 8 in die Formel der Gl. 4, so ist:

$$-\frac{\cos \bar{x}}{2 \sin^2 \bar{x}} + \frac{1}{2} \log \text{tang} \frac{\bar{x}}{2} = Ds \frac{dx}{\sin^3 x}. \qquad 9)$$

III. Ist die Gleichung:

$$\frac{dx}{\sin^4 x} = dy \qquad 10)$$

zu integrieren, so ist:

$$-\frac{1}{n-1} D's = -\frac{\cos x}{3 \sin^3 x} \cdot \frac{1 - \frac{\sin x \, dx}{\cos x}}{1 + \frac{3 \cos x \, dx}{\sin x}} = -\frac{\cos x - \sin x \, dx}{3 (\sin^3 x + 3 \sin^2 x \cos x \, dx)} =$$

$$= -\frac{\cos \bar{x}}{3 \sin^3 \bar{x}}. \qquad 11)$$

$$\frac{n-2}{n-1} D''s = \frac{2}{3} Ds \frac{dx}{\sin^2 x} = (\S. 22, \text{Gl. } 26) - \frac{2}{3} \cot \bar{x}, \qquad 12)$$

also:

$$-\frac{\cos \bar{x}}{3 \sin^3 \bar{x}} - \frac{2}{3} \cot \bar{x} = Ds \frac{dx}{\sin^4 x}. \qquad 13)$$

§. 25.

Integration von $\sin^m x \cos^n x \, dx$.

Bei der vorstehenden Integration ist zu unterscheiden, ob sowohl m als auch n oder doch wenigstens einer dieser Exponenten ungerade oder ob beide gerade sind.

I. Sind beide Exponenten oder doch wenigstens einer derselben ungerade, ist z. B. die Gleichung:

$$\sin^3 x \cos^2 x \, dx = dy \qquad 1)$$

zu integrieren, so verwandle man das Bogendifferential in ein Cosinusdifferential, ferner die Sinusfunktion in eine Cosinusfunktion, also:

$$\sin^2 x \cos^2 x \, d \cos x = -dy. \qquad 2)$$

$$(1 - \cos^2 x) \cos^2 x \, d \cos x = -dy. \qquad 3)$$

$$\cos^2 x \, d \cos x - \cos^4 x \, d \cos x = -dy. \qquad 4)$$

Nimmt man nun von der letzten Gleichung beiderseits die Differentialsumme und befreit sodann dy von dem Minuszeichen, so ist:

$$\frac{\cos^5 \bar{x}}{5} - \frac{\cos^3 \bar{x}}{3} = Ds \sin^3 x \cos^2 x \, dx. \qquad 5)$$

Ist nur einer der beiden Exponenten m und n ungerade, der andere gerade (wie z. B. in dem obigen Falle), so ist jedenfalls das Bogendifferential in das Differential jener Funktion zu verwandeln, welche den geraden Exponenten besitzt (im obigen Beispiel $\cos^2 x$). Ist sowohl m als auch n ungerade und beide gleich gross, so kann man diese Operation nach Belieben rücksichtlich der einen oder der anderen Funktion vornehmen. Sind die beiden ungeraden Exponenten nicht gleich gross, so muss man der Einfachheit wegen das Bogendifferential in das Differential jener Funktion verwandeln, welche den höheren Exponenten besitzt.

Ist z. B. die Gleichung:

$$\sin^7 x \cos^5 x\, dx = dy \tag{6}$$

zu integrieren, so ergeben sich folgende Gleichungen, die nach dem Gesagten keiner weiteren Erläuterung bedürfen:

$$\sin^7 x \cos^4 x\, d \sin x = dy. \tag{7}$$

$$\sin^7 x (1 - \sin^2 x)^2\, d \sin x = dy. \tag{8}$$

$$\sin^7 x\, d \sin x - 2 \sin^9 x\, d \sin x + \sin^{11} x\, d \sin x = dy. \tag{9}$$

$$\frac{\sin^8 \bar{x}}{8} - \frac{\sin^{10} \bar{x}}{5} + \frac{\sin^{12} \bar{x}}{12} = Ds \sin^7 x \cos^5 x\, dx. \tag{10}$$

Es ist leicht ersichtlich, wie ungleich einfacher dieses Integral (welches noch reduziert werden kann) ist als die Integrale, welche die Integraltafeln (z. B. jene von Meier Hirsch S. 271) aufweisen.

II. Sind die beiden Exponenten m und n gerade, so ist diese Methode nicht anwendbar. In diesem Falle gelten die nachstehenden beiden Formeln:

a) $Ds \sin^m x \cos^n x\, dx = Ds (1 - \cos^2 x) \sin^{m-2} x \cos^n x\, dx =$

$$= Ds \sin^{m-2} x \cos^n x\, dx - Ds \sin^{m-2} x \cos^{n+2} x\, dx. \tag{11}$$

b) $Ds \sin^m x \cos^n x\, dx = Ds (1 - \sin^2 x) \sin^m x \cos^{n-2} x\, dx =$

$$= Ds \sin^m x \cos^{n-2} x\, dx - Ds \sin^{m+2} x \cos^{n-2} x\, dx. \tag{12}$$

Ist z. B. die Gleichung:

$$\sin^2 x \cos^2 x\, dx = dy \tag{13}$$

zu integrieren, so ergiebt sich mit Rücksicht auf die Integralformel in Gl. 12 folgender Ausdruck:

$$Ds \sin^2 x\, dx - Ds \sin^4 x\, dx = Ds \sin^2 x \cos^2 x\, dx. \tag{14}$$

Die Differentialsummen links sind aus den im §. 23 entwickelten Formeln leicht zu ermitteln.

Ist die Gleichung:

$$\sin^4 x \cos^2 x\, dx = dy \tag{15}$$

zu integrieren, so wird gleichfalls die Integrationsformel in Gl. 12 mit Vorteil gewählt und es ist dann:

$$Ds \sin^4 x\, dx - Ds \sin^6 x\, dx = Ds\, dy, \qquad 16)$$

welcher Ausdruck nach §. 23 leicht integriert werden kann. Die Anwendung der Integrationsformel 11 würde auf die Gleichung führen:

$$Ds \sin^2 x \cos^2 x\, dx - Ds \sin^2 x \cos^4 x\, dx = Ds\, dy, \qquad 17)$$

welcher Ausdruck nur dann vorzuziehen ist, wenn die links erscheinenden Differentialsummen bereits bekannt sind.

§. 26.

Integration von $\frac{\sin^m x\, dx}{\cos^n x}$, $\frac{\cos^m x\, dx}{\sin^n x}$, $\frac{dx}{\sin^m x \cos^n x}$.

I. Die Integrale von der Form $Ds \frac{\sin^m x\, dx}{\cos^n x}$ und $\frac{\cos^m x\, dx}{\sin^n x}$ sind entweder Ur-Integrale, sofern der Zähler die Funktion nur in der ersten Potenz enthält (z. B. $\frac{\sin x\, dx}{\cos x}$, $\frac{\cos x\, dx}{\sin^3 x}$ u. s. f.) oder abgeleitete Integrale, wenn der Zähler $\sin^2 x$, $\cos^2 x$ oder eine noch höhere Potenz dieser Funktionen aufweist.

Von den Differentialen der ersten Art kann die Differentialsumme durch Numeralisierung und Logarithmalisierung leicht gefunden werden, wenn man das Bogendifferential des Zählers in das Differential der Nennerfunktion verwandelt. So ist z. B. (vgl. auch oben §. 22, Gl. 34 38, 39, 32, 33):

$$Ds \frac{\sin x\, dx}{\cos^3 x} = -Ds \frac{d \cos x}{\cos^3 x} = (\text{N. I. Gl. } 195)\ \frac{1}{2 \cos^2 x}. \qquad 1)$$

Enthält dagegen der Zähler die Funktion mindestens in zweiter Potenz, so gelten folgende Formeln:

$$Ds \frac{\sin^m x\, dx}{\cos^n x} = Ds \frac{(1-\cos^2 x) \sin^{m-2} x\, dx}{\cos^n x} = Ds \frac{\sin^{m-2} x\, dx}{\cos^n x} - Ds \frac{\sin^{m-2} x\, dx}{\cos^{n-2} x}. \qquad 2)$$

$$Ds \frac{\cos^m x\, dx}{\sin^n x} = Ds \frac{(1-\sin^2 x) \cos^{m-2} x\, dx}{\sin^n x} = Ds \frac{\cos^{m-2} x\, dx}{\sin^n x} - Ds \frac{\cos^{m-2} x\, dx}{\sin^{n-2} x}. \qquad 3)$$

Ist z. B. die Gleichung:

$$\frac{\sin^2 x\, dx}{\cos x} = dy \qquad 4)$$

zu integrieren, so erhält man durch die Substitution von $1 - \cos^2 x$ für $\sin^2 x$:

$$\frac{dx}{\cos x} - \cos x\, dx = dy, \qquad 5)$$

welche Gleichung durch Substitution der oben (§. 22, Gl. 50, 10) abgeleiteten Dfferentialsummen leicht integriert werden kann.

Durch eine analoge Substitution verwandelt sich die Gleichung:

$$\frac{\cos^3 x\, dx}{\sin^2 x} = dy \tag{6}$$

in die Relation

$$Ds\,\frac{\cos x\, dx}{\sin^2 x} - Ds\,\cos x\, dx = Ds\, dy\,, \tag{7}$$

welche aus §. 22, Gl. 33, 10 integriert werden kann.

II. Das dritte in der Überschrift angegebene Integral kann durch folgende Formel integriert werden:

$$Ds\,\frac{dx}{\sin^m x \cos^n x} = Ds\,\frac{(\sin^2 x + \cos^2 x)\, dx}{\sin^m x \cos^n x} =$$

$$= Ds\,\frac{dx}{\sin^{m-2} x \cos^n x} + Ds\,\frac{dx}{\sin^m x \cos^{n-2} x}\,. \tag{8}$$

So verwandelt sich die Gleichung:

$$\frac{dx}{\sin x \cos x} = dy \tag{9}$$

durch die in der Gl. 8 angegebene Substitution in den Ausdruck:

$$\frac{\sin x\, dx}{\cos x} + \frac{\cos x\, dx}{\sin x} = dy \tag{10}$$

oder mit Rücksicht auf §. 22, Gl. 38, 39:

$$-\log\cos\bar{x} + \log\sin\bar{x} = \log\frac{\sin\bar{x}}{\cos\bar{x}} = \log\operatorname{tang}\bar{x} = Ds\,\frac{dx}{\sin x \cos x}\,. \tag{11}$$

In ähnlicher Weise können alle in der Überschrift bezeichneten Integrale successive ohne Schwierigkeit ermittelt werden.

§. 27.

Integration von $\operatorname{tg}^n x\, dx$.

I. Das Integral $Ds \operatorname{tg} x\, dx$ ist ein Ur-Integral, welches schon oben (§. 22, Gl. 34—38) entwickelt worden ist. Die Ableitung aller übrigen Integrale von der Form $\operatorname{tg}^n x\, dx$ erfolgt, obgleich sie wie alle abgeleiteten Integrale auch direkt durch Numeralisierung und Logarithmalisierung gewonnen werden können, am einfachsten durch die Methode der Hilfsdifferentiale (oben §. 4).

Wenn die Gleichung:

$$\operatorname{tg}^n x\, dx = dy \tag{1}$$

zu integrieren ist, so ist $\operatorname{tg}^{n-2} x\, dx$ zuzuzählen und abzuziehen, also:

$$\operatorname{tg}^n x\, dx + \operatorname{tg}^{n-2} x\, dx - \operatorname{tg}^{n-2} x\, dx = dy\,. \tag{2}$$

Man setze nun, um die Differentialsumme der beiden ersten Differentiale zu ermitteln,

$$\operatorname{tg}^{n-2} x\, dx + \operatorname{tg}^n x\, dx = dz. \qquad 3)$$

Aus dieser Gleichung können durch Operationen, deren Bedeutung schon aus früheren Fällen bekannt ist, folgende Relationen gewonnen werden:

$$(n-1) \operatorname{tg}^{n-2} x\, dx + (n-1) \operatorname{tg}^n x\, dx = (n-1)\, dz, \qquad 4)$$

$$\frac{1}{n-1} Ds \operatorname{tg}^{n-1} x \left[\frac{(n-1)\, dx}{\operatorname{tg} x} + (n-1) \operatorname{tg} x\, dx\right] = Ds\, dz. \qquad 5)$$

Substituiert man diese letztere Differentialsumme in die Gl. 2, so ist:

$$\frac{1}{n-1} Ds \operatorname{tg}^{n-1} x \left[\frac{(n-1)\, dx}{\operatorname{tg} x} + (n-1) \operatorname{tg} x\, dx\right] - Ds \operatorname{tg}^{n-2} x\, dx =$$

$$= Ds \operatorname{tg}^n x\, dx. \qquad 6)$$

II. Ist z. B.

$$\operatorname{tg}^2 x\, dx = dy \qquad 7)$$

zu integrieren, so ist $\operatorname{tg}^{n-2} x = 1$, $n - 1 = 1$, ferner $\operatorname{tg} dx = dx$ (vgl. §. 22, Gl. 6) und es ergiebt sich daher (s. oben §. 22, Gl. 24):

$$\frac{1}{n-1} D's = Ds \operatorname{tg} x \left[\frac{dx}{\operatorname{tg} x} + \operatorname{tg} x\, dx\right] = \operatorname{tg} x \cdot \frac{1 + \frac{dx}{\operatorname{tg} x}}{1 - \operatorname{tg} x\, dx} =$$

$$= \operatorname{tg} x \cdot \frac{1 + \frac{\operatorname{tg} dx}{\operatorname{tg} x}}{1 - \operatorname{tg} x \operatorname{tg} dx} = \frac{\operatorname{tg} x + \operatorname{tg} dx}{1 - \operatorname{tg} x \operatorname{tg} dx} = \operatorname{tg}(x + dx) = \operatorname{tg} \bar{x}, \qquad 8)$$

$$- D''s = - Ds\, dx = - \bar{x}, \qquad 9)$$

also, wenn man die Differentialsummen aus den Gl. 8 und 9 in die Formel 6 substituiert:

$$\operatorname{tg} \bar{x} - \bar{x} = Ds \operatorname{tg}^2 x\, dx. \qquad 10)$$

III. Ist die Gleichung:

$$\operatorname{tg}^3 x\, dx = dy \qquad 11)$$

zu integrieren, so ist (Gl. 6):

$$\frac{1}{n-1} D's = \frac{1}{2} Ds \operatorname{tg}^2 x \left[\frac{2\, dx}{\operatorname{tg} x} + 2 \operatorname{tg} x\, dx\right] = \frac{1}{2} \operatorname{tg}^2 x \cdot \frac{1 + \frac{2 \operatorname{tg} dx}{\operatorname{tg} x}}{1 - 2 \operatorname{tg} x \operatorname{tg} dx} =$$

$$= \frac{1}{2} \frac{\operatorname{tg}^2 x + 2 \operatorname{tg} x \operatorname{tg} dx}{1 - 2 \operatorname{tg} x \operatorname{tg} dx} = \frac{1}{2} \frac{(\operatorname{tg} x + \operatorname{tg} dx)^2}{(1 - \operatorname{tg} x \operatorname{tg} dx)^2} = \frac{1}{2} \operatorname{tg}^2 \bar{x}. \qquad 12)$$

$$- D''s = - Ds \operatorname{tg} x\, dx = (\text{§. 22, Gl. 38}) \log \cos \bar{x}. \qquad 13)$$

Substituiert man die beiden Differentialsummen aus den Gl. 12 und 13 in die Formel der Gl. 6, so ist:

$$\frac{1}{2} \operatorname{tg}^2 \bar{x} + \log \cos \bar{x} = Ds \operatorname{tg}^3 x\, dx. \qquad 14)$$

§. 28.

Integration von $x^m \sin x\, dx$ und $x^m \cos x\, dx$.

I. Auch die Gleichung:

$$x^m \sin x\, dx = dy \tag{1}$$

kann nur durch Hilfsdifferentiale integriert werden. Bei Anwendung dieser Methode ergeben sich folgende Relationen, die keiner weiteren Erläuterung bedürfen:

$$x^m d \cos x = - dy, \tag{2}$$

$$x^m d \cos x + \cos x\, dx^m - \cos x\, dx^m = - dy. \tag{3}$$

$$Ds\, x^m \cos x \left[\frac{d \cos x}{\cos x} + \frac{dx^m}{x^m}\right] - m\, Ds\, x^{m-1} \cos x\, dx = - Ds\, dy. \tag{4}$$

Nun ist aber (vgl. §. 23, Gl. 10):

$$Ds\, x^m \cos x \left[\frac{d \cos x}{\cos x} + \frac{dx^m}{x^m}\right] = x^m \left(1 + \frac{dx^m}{x^m}\right) \cdot \cos x \left(1 + \frac{d \cos x}{\cos x}\right) =$$

$$= (x^m + dx^m)(\cos x + d \cos x) = \bar{x}^m \cos \bar{x}, \tag{5}$$

folglich, wenn man diesen letzteren Wert in die Gl. 4 substituiert:

$$- \bar{x}^m \cos \bar{x} + m\, Ds\, x^{m-1} \cos x\, dx = Ds\, dy = Ds\, x^m \sin x\, dx. \tag{6}$$

Ebenso ist:

$$\bar{x}^m \sin \bar{x} - m\, Ds\, x^{m-1} \sin x\, dx = Ds\, x^m \cos x\, dx. \tag{7}$$

II. Ist z. B. die Gleichung:

$$x \sin x\, dx = dy \tag{8}$$

zu integrieren, so ist:

$$x\, d \cos x + \cos x\, dx - \cos x\, dx = - dy. \tag{9}$$

Nun ist aber zufolge Gl. 3—5:

$$Ds [x\, d \cos x + \cos x\, dx] = \bar{x} \cos \bar{x}, \tag{10}$$

$$Ds - \cos x\, dx = - \sin \bar{x}. \tag{11}$$

Substituiert man die beiden Differentialsummen aus den Gl. 10 und 11 in die Gl. 9 und befreit man sodann dy von dem Minuszeichen, so ist:

$$\sin \bar{x} - \bar{x} \cos \bar{x} = Ds\, dy = Ds\, x \sin x\, dx. \tag{12}$$

II. Ist die Gleichung:

$$x \cos x\, dx = dy \tag{13}$$

zu integrieren, so ergiebt sich zufolge Gl. 7:

$$D's = \bar{x} \sin \bar{x}, \tag{14}$$

$$- m\, D''s = - Ds \sin x\, dx = \cos \bar{x}, \tag{15}$$

folglich

$$\bar{x} \sin \bar{x} + \cos \bar{x} = Ds\, x \cos x\, dx. \tag{16}$$

IV. Ist die Gleichung:

$$x^2 \sin x\, dx = dy \tag{17}$$

zu integrieren, so ist (Gl. 6):

$$-D's = -\bar{x}^2 \cos \bar{x}. \tag{18}$$

$$m\, D''s = 2\, Ds\, x \cos x\, dx = \text{(Gl. 16)}\ 2\, \bar{x} \sin \bar{x} + 2 \cos \bar{x}. \tag{19}$$

Substituiert man die beiden Differentialsummen aus den Gl. 18 und 19 in die Formel der Gl. 6, so ist:

$$-\bar{x}^2 \cos \bar{x} + 2\, \bar{x} \sin \bar{x} + 2 \cos \bar{x} = Ds\, x^2 \sin x\, dx. \tag{20}$$

§. 29.

Integration von $\frac{\sin x\, dx}{x^n}$ und $\frac{\cos x\, dx}{x^n}$.

I. Wenn die Gleichung:

$$\frac{\sin x\, dx}{x^n} = dy \tag{1}$$

zu integrieren ist, so multipliziert man dieselbe mit $n-1$ und fügt dann das Hilfsdifferential $\frac{\cos x\, dx}{x^{n-1}}$ hinzu, also:

$$\frac{(n-1) \sin x\, dx}{x^n} - \frac{\cos x\, dx}{x^{n-1}} + \frac{\cos x\, dx}{x^{n-1}} = (n-1)\, dy. \tag{2}$$

Extrahiert man nun aus den beiden ersten Differentialen in der bekannten Weise $\frac{\sin x}{x^{n-1}}$, indem man zugleich bei Bildung der ersten Differentialsumme die Zeichen wechselt und schliesslich dy von den Konstanten befreit, so ist:

$$-\frac{1}{n-1}\, Ds\, \frac{\sin x}{x^{n-1}} \left[\frac{\cos x\, dx}{\sin x} - \frac{(n-1)\, dx}{x}\right] + \frac{1}{n-1}\, Ds\, \frac{\cos x\, dx}{x^{n-1}} =$$
$$= Ds\, \frac{\sin x\, dx}{x^n}. \tag{3}$$

Ebenso ist:

$$-\frac{1}{n-1}\, Ds\, \frac{\cos x}{x^{n-1}} \left[-\frac{\sin x\, dx}{\cos x} - \frac{(n-1)\, dx}{x}\right] - \frac{1}{n-1}\, Ds\, \frac{\sin x\, dx}{x^{n-1}} =$$
$$= Ds\, \frac{\cos x\, dx}{x^n}. \tag{4}$$

II. Ist z. B. (wenn man von dem in geschlossener Form nicht integrierbaren Ausdruck $\frac{\sin x\, dx}{x}$ absieht) die Gleichung:

$$\frac{\sin x\, dx}{x^2} = dy \tag{5}$$

zu integrieren, so ist zufolge Gl. 3 (vgl. oben §. 22, Gl. 24):

$$-\frac{1}{n-1}D's=-Ds\frac{\sin x}{x}\left[\frac{\cos x\,dx}{\sin x}-\frac{dx}{x}\right]=-\frac{\sin x}{x}\cdot\frac{1+\frac{\cos x\,dx}{\sin x}}{1+\frac{dx}{x}}=-\frac{\sin \bar{x}}{\bar{x}}, \tag{6}$$

$$\frac{1}{n-1}D''s=Ds\frac{\cos x\,dx}{x}, \tag{7}$$

folglich, wenn man die Differentialsummen aus den Gl. 6 und 7 in die Gl. 3 subsituiert:

$$-\frac{\sin\bar{x}}{\bar{x}}+Ds\frac{\cos x\,dx}{x}=Ds\frac{\sin x\,dx}{x^2}. \tag{8}$$

III. Ist die Gleichung:

$$\frac{\sin x\,dx}{x^3}=dy \tag{9}$$

zu integrieren, so ist:

$$-\frac{1}{n-1}D's=-\frac{1}{2}Ds\frac{\sin x}{x^2}\left[\frac{\cos x\,dx}{\sin x}-\frac{2\,dx}{x}\right]=-\frac{1}{2}\frac{\sin x}{x^2}\cdot\frac{1+\frac{\cos x\,dx}{\sin x}}{1+\frac{2\,dx}{x}}=$$

$$=-\frac{1}{2}\frac{\sin x+\cos x\,dx}{x^2+2x\,dx}=-\frac{\sin\bar{x}}{2\bar{x}^2}, \tag{10}$$

$$\frac{1}{n-1}D''s=\frac{1}{2}Ds\frac{\cos x\,dx}{x^2}=(\text{Gl. }4)-\frac{\cos\bar{x}}{2\bar{x}}-\frac{1}{2}Ds\frac{\sin x\,dx}{x}, \tag{11}$$

folglich:

$$-\frac{\sin\bar{x}}{2\bar{x}^2}-\frac{\cos\bar{x}}{2\bar{x}}-\frac{1}{2}Ds\frac{\sin x\,dx}{x}=Ds\frac{\sin x\,dx}{x^3}. \tag{12}$$

Ich bemerke, dass der Wert für $D''s$ in der Gl. 11 sich aus der Formel in der Gl. 4 leicht berechnen lässt.

§. 30.

Integration von $\frac{x\,dx}{\sin^n x}$ und $\frac{x\,dx}{\cos^n x}$.

I. Ist die Gleichung

$$\frac{x\,dx}{\sin^n x}=dy \tag{1}$$

zu integrieren, so multipliziert man beiderseits mit $n-1$ und führt sodann mit Rücksicht auf die Relation $\sin^2 x+\cos^2 x=1$ Variable und Konstanten ein, so dass die Gl. 1 folgende Gestalt annimmt:

$$\frac{(n-1)x\,dx}{\sin^{n-2}x}+\frac{(n-1)\,x\cos^2 x\,dx}{\sin^n x}=(n-1)\,dy. \tag{2}$$

Man teilt nunmehr das erste Differential wie in zahlreichen früheren Fällen und multipliziert die ganze Gleichung mit -1, um die Bildung der ersten Differentialsumme in der Gl. 5 zu ermöglichen, also:

$$-\frac{x\,dx}{\sin^{n-2}x}-\frac{(n-1)\,x\cos^2 x\,dx}{\sin^n x}-\frac{(n-2)\,x\,dx}{\sin^{n-2}x}=-(n-1)\,dy. \tag{3}$$

Um aus den beiden ersten Differentialen die Differentialsumme $\frac{\bar{x}\cos\bar{x}}{\sin^{n-1}\bar{x}}$ bilden zu können, ist, wie sich sofort ergeben wird, die Hinzufügung des Hilfsdifferentials $\frac{\cos x\, dx}{\sin^{n-1} x}$ notwendig, so dass also die Gl. 3 lautet:

$$\frac{\cos x\, dx}{\sin^{n-1} x} - \frac{x\, dx}{\sin^{n-2} x} - \frac{(n-1)\, x \cos^2 x\, dx}{\sin^n x} - \frac{(n-2)\, x\, dx}{\sin^{n-2} x} - \frac{\cos x\, dx}{\sin^{n-1} x} =$$
$$= -(n-1)\, dy. \qquad 4)$$

Nimmt man nun beiderseits die Differentialsumme, indem man gleichzeitig dy von $-(n-1)$ befreit, so ist:

$$-\frac{1}{n-1} Ds \frac{x\cos x}{\sin^{n-1} x}\left[\frac{dx}{x} - \frac{\sin x\, dx}{\cos x} - \frac{(n-1)\cos x\, dx}{\sin x}\right] + \frac{n-2}{n-1} Ds \frac{x\, dx}{\sin^{n-2} x} +$$
$$+ \frac{1}{n-1} Ds \frac{\cos x\, dx}{\sin^{n-1} x} = Ds \frac{x\, dx}{\sin^n x}. \qquad 5)$$

Ebenso findet man in analoger Weise:

$$\frac{1}{n-1} Ds \frac{x \sin x}{\cos^{n-1} x}\left[\frac{dx}{x} + \frac{\cos x\, dx}{\sin x} + \frac{(n-1)\sin x\, dx}{\cos x}\right] +$$
$$+ \frac{n-2}{n-1} Ds \frac{x\, dx}{\cos^{n-2} x} - \frac{1}{n-1} Ds \frac{\sin x\, dx}{\cos^{n-1} x} = Ds \frac{x\, dx}{\cos^n x}. \qquad 6)$$

II. Ist z. B., wenn man von dem in geschlossener Form nicht integrierbaren Differential $\frac{x\, dx}{\sin x}$ absieht, die Gleichung:

$$\frac{x\, dx}{\sin^2 x} = dy \qquad 7)$$

zu integrieren, so ist zufolge Gl. 5 (vgl. oben §. 22, Gl. 10, 24):

$$-\frac{1}{n-1} D's = -Ds \frac{x\cos x}{\sin x}\left[\frac{dx}{x} - \frac{\sin x\, dx}{\cos x} - \frac{\cos x\, dx}{\sin x}\right] =$$
$$= -\frac{x\left(1+\frac{dx}{x}\right)\cdot\cos\left(1-\frac{\sin x\, dx}{\cos x}\right)}{\sin x\left(1+\frac{\cos x\, dx}{\sin x}\right)} = -\frac{\bar{x}\cos\bar{x}}{\sin\bar{x}} = -\bar{x}\cot\bar{x}. \qquad 8)$$

$$\frac{n-2}{n-1} D''s = 0. \qquad 9)$$

$$\frac{1}{n-1} D'''s = Ds \frac{\cos x\, dx}{\sin x} = Ds \cot x\, dx = (\text{§. 22, Gl. 39}) \log \sin\bar{x}. \qquad 10)$$

Substituiert man die Differentialsummen aus den Gl. 8—10 in die Gl. 5, so ist:

$$-\bar{x}\cot\bar{x} + \log\sin\bar{x} = Ds \frac{x\, dx}{\sin^2 x}. \qquad 11)$$

III. Ist die Gleichung:

$$\frac{x\, dx}{\sin^3 x} = dy \qquad 12)$$

zu integrieren, so ist (Gl. 5):

$$-\frac{1}{n-1}D's = -\frac{1}{2}Ds\,\frac{x\cos x}{\sin^2 x}\left[\frac{dx}{x} - \frac{\sin x\,dx}{\cos x} - \frac{2\cos x\,dx}{\sin x}\right] =$$

$$= -\frac{1}{2}\,\frac{x\left(1+\frac{dx}{x}\right)\cdot\cos x\left(1-\frac{\sin x\,dx}{\cos x}\right)}{\sin^2 x\left(1+\frac{2\cos x\,dx}{\sin x}\right)}$$

$$= -\frac{1}{2}\,\frac{(x+dx)(\cos x-\sin x\,dx)}{\sin^2 x+2\sin x\cos x\,dx} = -\frac{\bar{x}\cos\bar{x}}{2\sin^2\bar{x}}. \qquad 13)$$

$$\frac{n-2}{n-1}D''s = \frac{1}{2}Ds\,\frac{x\,dx}{\sin x}. \qquad 14)$$

$$\frac{1}{n-1}D'''s = \frac{1}{2}Ds\,\frac{\cos x\,dx}{\sin^2 x} = (\S.\ 22,\ \text{Gl. } 33) - \frac{1}{2\sin\bar{x}}. \qquad 15)$$

Substituiert man die Differentialsummen aus den Gl. 13—15 in die Gl. 5, so ist:

$$-\frac{\bar{x}\cos\bar{x}+\sin\bar{x}}{2\sin^2\bar{x}} + \frac{1}{2}Ds\,\frac{x\,dx}{\sin x} = Ds\,\frac{x\,dx}{\sin^3 x}. \qquad 16)$$

Mit dieser Ableitung mag die vorliegende Abhandlung geschlossen werden. Wer meiner Darstellung in dieser und den zwei vorhergehenden Schriften aufmerksam gefolgt ist, wird jene Integrationsformeln, welche ich hier nicht entwickelt habe, ohne Schwierigkeit auffinden können.